T&P BOOKS

HEBRAICO
VOCABULÁRIO

PORTUGUÊS BRASILEIRO

PORTUGUÊS HEBRAICO

Para alargar o seu léxico e apurar
as suas competências linguísticas

3000 palavras

Vocabulário Português Brasileiro-Hebraico - 3000 palavras

Por Andrey Taranov

Os vocabulários da T&P Books destinam-se a ajudar a aprender, a memorizar, e a rever palavras estrangeiras. O dicionário é dividido em temas, cobrindo todas as principais esferas de atividades quotidianas, negócios, ciência, cultura, etc.

O processo de aprendizagem, utilizando os dicionários baseados em temáticas da T&P Books dá-lhe as seguintes vantagens:

- Informação de origem corretamente agrupada predetermina o sucesso em fases subsequentes da memorização de palavras
- Disponibilização de palavras derivadas da mesma raiz, o que permite a memorização de unidades de texto (em vez de palavras separadas)
- Pequenas unidades de palavras facilitam o processo de estabelecimento de vínculos associativos necessários para a consolidação do vocabulário
- O nível de conhecimento da língua pode ser estimado pelo número de palavras aprendidas

T&P Books Publishing
www.tpbooks.com

ISBN: 978-1-78767-417-2

Este livro também está disponível em formato E-book.
Por favor visite www.tpbooks.com ou as principais livrarias on-line.

VOCABULÁRIO HEBRAICO
palavras mais úteis

Os vocabulários da T&P Books destinam-se a ajudar a aprender, a memorizar, e a rever palavras estrangeiras. O vocabulário contém mais de 3000 palavras de uso comum organizadas tematicamente.

O vocabulário contém as palavras mais comummente usadas
Recomendado como adicional para qualquer curso de línguas
Satisfaz as necessidades dos iniciados e dos alunos avançados de línguas estrangeiras
Conveniente para o uso diário, sessões de revisão e atividades de auto-teste
Permite avaliar o seu vocabulário

Características especias do vocabulário

- As palavras estão organizadas de acordo com o seu significado, e não por ordem alfabética
- As palavras são apresentadas em três colunas para facilitar os processos de revisão e auto-teste
- As palavras compostas são divididas em pequenos blocos para facilitar o processo de aprendizagem
- O vocabulário oferece uma transcrição simples e adequada de cada palavra estrangeira

O vocabulário contém 101 tópicos incluindo:

Conceitos básicos, Números, Cores, Meses, Estações do ano, Unidades de medida, Roupas & Acessórios, Alimentos & Nutrição, Restaurante, Membros da Família, Parentes, Caráter, Sentimentos, Emoções, Doenças, Cidade, Passeios, Compras, Dinheiro, Casa, Lar, Escritório, Trabalho no Escritório, Importação & Exportação, Marketing, Pesquisa de Emprego, Esportes, Educação, Computador, Internet, Ferramentas, Natureza, Países, Nacionalidades e muito mais ...

TABELA DE CONTEÚDOS

GUIA DE PRONUNCIAÇÃO

Letra	Exemplo Hebraico	Alfabeto fonético T&P	Exemplo Português
א	אריה	[a], [ɑ:]	amar
א	אחד	[ɛ], [ɛ:]	mover
א	מאה	['] (hamza)	oclusiva glotal
ב	בית	[b]	barril
ג	גמל	[g]	gosto
ג'	ג'ונגל	[dʒ]	adjetivo
ד	דג	[d]	dentista
ה	הר	[h]	[h] aspirada
ו	וסת	[v]	fava
ז	זאב	[z]	sésamo
ז'	ז'ורנל	[ʒ]	talvez
ח	חוט	[x]	fricativa uvular surda
ט	טוב	[t]	tulipa
י	יום	[j]	Vietnã
ך כ	בריש	[k]	aquilo
ל	לחם	[l]	libra
ם מ	מלך	[m]	magnólia
ן נ	נר	[n]	natureza
ס	סוס	[s]	sanita
ע	עין	[a], [ɑ:]	amar
ע	תשעים	['] (ayn)	fricativa faríngea sonora
ף פ	פיל	[p]	presente
צ	צעצוע	[ts]	tsé-tsé
צ'ץ'	צ'ק	[tʃ]	Tchau!
ק	קוף	[k]	aquilo
ר	רכבת	[r]	[r] vibrante
ש	שלחן, עשרים	[s], [ʃ]	sanita, mês
ת	תפוז	[t]	tulipa

ABREVIATURAS
usadas no vocabulário

Abreviaturas do Português

adj	-	adjetivo
adv	-	advérbio
anim.	-	animado
conj.	-	conjunção
desp.	-	esporte
etc.	-	Etcetera
ex.	-	por exemplo
f	-	nome feminino
f pl	-	feminino plural
fem.	-	feminino
inanim.	-	inanimado
m	-	nome masculino
m pl	-	masculino plural
m, f	-	masculino, feminino
masc.	-	masculino
mat.	-	matemática
mil.	-	militar
pl	-	plural
prep.	-	preposição
pron.	-	pronome
sb.	-	sobre
sing.	-	singular
v aux	-	verbo auxiliar
vi	-	verbo intransitivo
vi, vt	-	verbo intransitivo, transitivo
vr	-	verbo reflexivo
vt	-	verbo transitivo

Abreviaturas do Hebraico

ז	-	masculino
ז"ר	-	masculino plural
ז, נ	-	masculino, feminino
נ	-	feminino
נ"ר	-	feminino plural

CONCEITOS BÁSICOS

1. Pronomes

eu	ani	אֲנִי (ז, נ)
você (masc.)	ata	אַתָּה (ז)
você (fem.)	at	אַתְּ (נ)
ele	hu	הוּא (ז)
ela	hi	הִיא (נ)
nós	a'naχnu	אֲנַחְנוּ (ז, נ)
vocês (masc.)	atem	אַתֶּם (ז"ר)
vocês (fem.)	aten	אַתֶּן (נ"ר)
o senhor, -a	ata, at	אַתָּה (ז), אַתְּ (נ)
senhores, -as	atem, aten	אַתֶּם (ז"ר), אַתֶּן (נ"ר)
eles	hem	הֵם (ז"ר)
elas	hen	הֵן (נ"ר)

2. Cumprimentos. Saudações

Oi!	ʃalom!	שָׁלוֹם!
Olá!	ʃalom!	שָׁלוֹם!
Bom dia!	'boker tov!	בּוֹקֶר טוֹב!
Boa tarde!	tsaha'rayim tovim!	צָהֳרַיִם טוֹבִים!
Boa noite!	'erev tov!	עֶרֶב טוֹב!
cumprimentar (vt)	lomar ʃalom	לוֹמַר שָׁלוֹם
Oi!	hai!	הַיי!
saudação (f)	ahlan	אַהְלָן
saudar (vt)	lomar ʃalom	לוֹמַר שָׁלוֹם
Tudo bem?	ma ʃlomχa?	מַה שְׁלוֹמְךָ? (ז)
Como vai?	ma niʃma?	מַה נִשְׁמָע?
E aí, novidades?	ma χadaʃ?	מַה חָדָשׁ?
Tchau!	lehitra'ot!	לְהִתְרָאוֹת!
Até logo!	bai!	בַּיי!
Até breve!	lehitra'ot bekarov!	לְהִתְרָאוֹת בְּקָרוֹב!
Adeus!	lehitra'ot!	לְהִתְרָאוֹת!
despedir-se (dizer adeus)	lomar lehitra'ot	לוֹמַר לְהִתְרָאוֹת
Até mais!	bai!	בַּיי!
Obrigado! -a!	toda!	תּוֹדָה!
Muito obrigado! -a!	toda raba!	תּוֹדָה רַבָּה!
De nada	bevakaʃa	בְּבַקָשָׁה
Não tem de quê	al lo davar	עַל לֹא דָבָר
Não foi nada!	ein be'ad ma	אֵין בְּעַד מָה
Desculpa!	sliχa!	סְלִיחָה!

| Desculpe! | sliχa! | סְלִיחָה! |
| desculpar (vt) | lis'loaχ | לִסְלוֹחַ |

desculpar-se (vr)	lehitnatsel	לְהִתְנַצֵּל
Me desculpe	ani mitnatsel, ani mitna'tselet	אֲנִי מִתְנַצֵּל (ז), אֲנִי מִתְנַצֶּלֶת (נ)
Desculpe!	ani mitsta'er, ani mitsta''eret	אֲנִי מִצְטַעֵר (ז), אֲנִי מִצְטַעֶרֶת (נ)
perdoar (vt)	lis'loaχ	לִסְלוֹחַ
Não faz mal	lo nora	לֹא נוֹרָא
por favor	bevakaʃa	בְּבַקָּשָׁה

Não se esqueça!	al tiʃkaχ!	אַל תִּשְׁכַּח! (ז)
Com certeza!	'betaχ!	בֶּטַח!
Claro que não!	'betaχ ʃelo!	בֶּטַח שֶׁלֹּא!
Está bem! De acordo!	okei!	אוֹקֵיי!
Chega!	maspik!	מַסְפִּיק!

3. Questões

Quem?	mi?	מִי?
O que?	ma?	מָה?
Onde?	'eifo?	אֵיפֹה?
Para onde?	le'an?	לְאָן?
De onde?	me''eifo?	מֵאֵיפֹה?
Quando?	matai?	מָתַי?
Para quê?	'lama?	לָמָּה?
Por quê?	ma'du'a?	מַדּוּעַ?

Para quê?	biʃvil ma?	בִּשְׁבִיל מָה?
Como?	eiχ, keitsad?	כֵּיצַד? אֵיךְ?
Qual (~ é o problema?)	'eize?	אֵיזֶה?
Qual (~ deles?)	'eize?	אֵיזֶה?

A quem?	lemi?	לְמִי?
De quem?	al mi?	עַל מִי?
Do quê?	al ma?	עַל מָה?
Com quem?	im mi?	עִם מִי?

| Quanto, -os, -as? | 'kama? | כַּמָּה? |
| De quem (~ é isto?) | ʃel mi? | שֶׁל מִי? |

4. Preposições

com (prep.)	im	עִם
sem (prep.)	bli, lelo	בְּלִי, לְלֹא
a, para (exprime lugar)	le...	לְ...
sobre (ex. falar ~)	al	עַל
antes de ...	lifnei	לִפְנֵי
em frente de ...	lifnei	לִפְנֵי

debaixo de ...	mi'taχat le...	מִתַּחַת לְ...
sobre (em cima de)	me'al	מֵעַל
em ..., sobre ...	al	עַל

| de, do (sou ~ Rio de Janeiro) | mi, me | מ, מ |
| de (feito ~ pedra) | mi, me | מ, מ |

| em (~ 3 dias) | toχ | תוֹך |
| por cima de ... | 'dereχ | דֶּרֶך |

5. Palavras funcionais. Advérbios. Parte 1

Onde?	'eifo?	אֵיפֹה?
aqui	po, kan	פֹּה, כָּאן
lá, ali	ʃam	שָׁם

| em algum lugar | 'eifo ʃehu | אֵיפֹה שֶׁהוּא |
| em lugar nenhum | beʃum makom | בְּשׁוּם מָקוֹם |

| perto de ... | leyad ... | לְיַד ... |
| perto da janela | leyad haχalon | לְיַד הַחַלוֹן |

Para onde?	le'an?	לְאָן?
aqui	'hena, lekan	הֵנָּה; לְכָאן
para lá	leʃam	לְשָׁם
daqui	mikan	מִכָּאן
de lá, dali	miʃam	מִשָּׁם

| perto | karov | קָרוֹב |
| longe | raχok | רָחוֹק |

perto de ...	leyad	לְיַד
à mão, perto	karov	קָרוֹב
não fica longe	lo raχok	לֹא רָחוֹק

esquerdo (adj)	smali	שְׂמָאלִי
à esquerda	mismol	מִשְּׂמֹאל
para a esquerda	'smola	שְׂמֹאלָה

direito (adj)	yemani	יְמָנִי
à direita	miyamin	מִיָּמִין
para a direita	ya'mina	יָמִינָה

em frente	mika'dima	מִקָּדִימָה
da frente	kidmi	קִדְמִי
adiante (para a frente)	ka'dima	קָדִימָה

atrás de ...	me'aχor	מֵאָחוֹר
de trás	me'aχor	מֵאָחוֹר
para trás	a'χora	אֲחוֹרָה

| meio (m), metade (f) | 'emtsa | אֶמְצַע (ז) |
| no meio | ba''emtsa | בָּאֶמְצַע |

do lado	mehatsad	מֵהַצַּד
em todo lugar	beχol makom	בְּכָל מָקוֹם
por todos os lados	misaviv	מִסָּבִיב
de dentro	mibifnim	מִבִּפְנִים

para algum lugar	le'an ʃehu	לְאָן שֶׁהוּא
diretamente	yaʃar	יָשָׁר
de volta	baχazara	בַּחֲזָרָה
de algum lugar	me'ei ʃam	מֵאֵי שָׁם
de algum lugar	me'ei ʃam	מֵאֵי שָׁם
em primeiro lugar	reʃit	רֵאשִׁית
em segundo lugar	ʃenit	שֵׁנִית
em terceiro lugar	ʃliʃit	שְׁלִישִׁית
de repente	pit'om	פִּתְאוֹם
no início	behatslaχa	בַּהַתְחָלָה
pela primeira vez	lariʃona	לָרִאשׁוֹנָה
muito antes de ...	zman rav lifnei ...	זְמַן רַב לִפְנֵי ...
de novo	meχadaʃ	מֵחָדָשׁ
para sempre	letamid	לְתָמִיד
nunca	af 'pa'am, me'olam	מֵעוֹלָם, אַף פַּעַם
de novo	ʃuv	שׁוּב
agora	aχʃav, ka'et	עַכְשָׁיו, כָּעֵת
frequentemente	le'itim krovot	לְעִיתִים קְרוֹבוֹת
então	az	אָז
urgentemente	bidχifut	בִּדְחִיפוּת
normalmente	be'dereχ klal	בְּדֶרֶךְ כְּלָל
a propósito, ...	'dereχ 'agav	דֶרֶךְ אַגַב
é possível	efʃari	אֶפְשָׁרִי
provavelmente	kanir'e	כַּנִרְאָה
talvez	ulai	אוּלַי
além disso, ...	χuts mize ...	חוּץ מִזֶה ...
por isso ...	laχen	לָכֵן
apesar de ...	lamrot ...	לַמְרוֹת ...
graças a ...	hodot le...	הוֹדוֹת לְ...
que (pron.)	ma	מָה
que (conj.)	ʃe	שֶׁ
algo	'maʃehu	מַשֶׁהוּ
alguma coisa	'maʃehu	מַשֶׁהוּ
nada	klum	כְּלוּם
quem	mi	מִי
alguém (~ que ...)	'miʃehu, 'miʃehi	מִישֶׁהוּ (ז), מִישֶׁהִי (נ)
alguém (com ~)	'miʃehu, 'miʃehi	מִישֶׁהוּ (ז), מִישֶׁהִי (נ)
ninguém	af eχad, af aχat	אַף אֶחָד (ז), אַף אַחַת (נ)
para lugar nenhum	leʃum makom	לְשׁוּם מָקוֹם
de ninguém	lo ʃayaχ le'af eχad	לֹא שַׁיָּיךְ לְאַף אֶחָד
de alguém	ʃel 'miʃehu	שֶׁל מִישֶׁהוּ
tão	kol kaχ	כָּל-כָּךְ
também (gostaria ~ de ...)	gam	גַם
também (~ eu)	gam	גַם

6. Palavras funcionais. Advérbios. Parte 2

Por quê?	ma'du'a?	מַדּוּעַ?
por alguma razão	miʃum ma	מִשּׁוּם־מָה
porque ...	miʃum ʃe	מִשּׁוּם שֶׁ
por qualquer razão	lematara 'kolʃehi	לְמַטָּרָה כָּלְשֶׁהִי

e (tu ~ eu)	ve ...	... וְ
ou (ser ~ não ser)	o	אוֹ
mas (porém)	aval, ulam	אֲבָל, אוּלָם
para (~ a minha mãe)	biʃvil	בִּשְׁבִיל

muito, demais	yoter midai	יוֹתֵר מִדַּי
só, somente	rak	רַק
exatamente	bediyuk	בְּדִיּוּק
cerca de (~ 10 kg)	be"ereχ	בְּעֵרֶךְ

aproximadamente	be"ereχ	בְּעֵרֶךְ
aproximado (adj)	meʃo'ar	מְשׁוֹעָר
quase	kim'at	כִּמְעַט
resto (m)	ʃe'ar	שְׁאָר (ז)

o outro (segundo)	aχer	אַחֵר
outro (adj)	aχer	אַחֵר
cada (adj)	kol	כֹּל
qualquer (adj)	kolʃehu	כָּלְשֶׁהוּ
muitos, muitas	harbe	הַרְבֵּה
muito, muitos, muitas	harbe	הַרְבֵּה
muitas pessoas	harbe	הַרְבֵּה
todos	kulam	כּוּלָם

em troca de ...	tmurat ...	... תְּמוּרַת
em troca	bitmura	בִּתְמוּרָה
à mão	bayad	בַּיָד
pouco provável	safek im	סָפֵק אִם

provavelmente	karov levadai	קָרוֹב לְוַדַּאי
de propósito	'davka	דַּוְוקָא
por acidente	bemikre	בְּמִקְרֶה

muito	me'od	מְאוֹד
por exemplo	lemaʃal	לְמָשָׁל
entre	bein	בֵּין
entre (no meio de)	be'kerev	בְּקֶרֶב
tanto	kol kaχ harbe	כָּל־כָּךְ הַרְבֵּה
especialmente	bimyuχad	בִּמְיוּחָד

NÚMEROS. DIVERSOS

7. Números cardinais. Parte 1

zero	'efes	אֶפֶס (ז)
um	eχad	אֶחָד (ז)
uma	aχat	אַחַת (נ)
dois	'ʃtayim	שְׁתַּיִם (נ)
três	ʃaloʃ	שָׁלוֹשׁ (נ)
quatro	arba	אַרְבַּע (נ)
cinco	χameʃ	חָמֵשׁ (נ)
seis	ʃeʃ	שֵׁשׁ (נ)
sete	'ʃeva	שֶׁבַע (נ)
oito	'ʃmone	שְׁמוֹנֶה (נ)
nove	'teʃa	תֵּשַׁע (נ)
dez	'eser	עֶשֶׂר (נ)
onze	aχat esre	אַחַת-עֶשְׂרֵה (נ)
doze	ʃteim esre	שְׁתֵּים-עֶשְׂרֵה (נ)
treze	ʃloʃ esre	שְׁלוֹשׁ-עֶשְׂרֵה (נ)
catorze	arba esre	אַרְבַּע-עֶשְׂרֵה (נ)
quinze	χameʃ esre	חָמֵשׁ-עֶשְׂרֵה (נ)
dezesseis	ʃeʃ esre	שֵׁשׁ-עֶשְׂרֵה (נ)
dezessete	ʃva esre	שְׁבַע-עֶשְׂרֵה (נ)
dezoito	ʃmone esre	שְׁמוֹנֶה-עֶשְׂרֵה (נ)
dezenove	tʃa esre	תְּשַׁע-עֶשְׂרֵה (נ)
vinte	esrim	עֶשְׂרִים
vinte e um	esrim ve'eχad	עֶשְׂרִים וְאֶחָד
vinte e dois	esrim u'ʃnayim	עֶשְׂרִים וּשְׁנַיִם
vinte e três	esrim uʃloʃa	עֶשְׂרִים וּשְׁלוֹשָׁה
trinta	ʃloʃim	שְׁלוֹשִׁים
trinta e um	ʃloʃim ve'eχad	שְׁלוֹשִׁים וְאֶחָד
trinta e dois	ʃloʃim u'ʃnayim	שְׁלוֹשִׁים וּשְׁנַיִם
trinta e três	ʃloʃim uʃloʃa	שְׁלוֹשִׁים וּשְׁלוֹשָׁה
quarenta	arba'im	אַרְבָּעִים
quarenta e um	arba'im ve'eχad	אַרְבָּעִים וְאֶחָד
quarenta e dois	arba'im u'ʃnayim	אַרְבָּעִים וּשְׁנַיִם
quarenta e três	arba'im uʃloʃa	אַרְבָּעִים וּשְׁלוֹשָׁה
cinquenta	χamiʃim	חֲמִישִׁים
cinquenta e um	χamiʃim ve'eχad	חֲמִישִׁים וְאֶחָד
cinquenta e dois	χamiʃim u'ʃnayim	חֲמִישִׁים וּשְׁנַיִם
cinquenta e três	χamiʃim uʃloʃa	חֲמִישִׁים וּשְׁלוֹשָׁה
sessenta	ʃiʃim	שִׁישִׁים
sessenta e um	ʃiʃim ve'eχad	שִׁישִׁים וְאֶחָד

sessenta e dois	ʃiʃim u'ʃnayim	שִׁשִּׁים וּשְׁנַיִם
sessenta e três	ʃiʃim uʃloʃa	שִׁשִּׁים וּשְׁלוֹשָׁה
setenta	ʃiv'im	שִׁבְעִים
setenta e um	ʃiv'im ve'eχad	שִׁבְעִים וְאֶחָד
setenta e dois	ʃiv'im u'ʃnayim	שִׁבְעִים וּשְׁנַיִם
setenta e três	ʃiv'im uʃloʃa	שִׁבְעִים וּשְׁלוֹשָׁה
oitenta	ʃmonim	שְׁמוֹנִים
oitenta e um	ʃmonim ve'eχad	שְׁמוֹנִים וְאֶחָד
oitenta e dois	ʃmonim u'ʃnayim	שְׁמוֹנִים וּשְׁנַיִם
oitenta e três	ʃmonim uʃloʃa	שְׁמוֹנִים וּשְׁלוֹשָׁה
noventa	tiʃim	תִּשְׁעִים
noventa e um	tiʃim ve'eχad	תִּשְׁעִים וְאֶחָד
noventa e dois	tiʃim u'ʃayim	תִּשְׁעִים וּשְׁנַיִם
noventa e três	tiʃim uʃloʃa	תִּשְׁעִים וּשְׁלוֹשָׁה

8. Números cardinais. Parte 2

cem	'me'a	מֵאָה (נ)
duzentos	ma'tayim	מָאתַיִם
trezentos	ʃloʃ me'ot	שְׁלוֹשׁ מֵאוֹת (נ)
quatrocentos	arba me'ot	אַרְבַּע מֵאוֹת (נ)
quinhentos	χameʃ me'ot	חָמֵשׁ מֵאוֹת (נ)
seiscentos	ʃeʃ me'ot	שֵׁשׁ מֵאוֹת (נ)
setecentos	ʃva me'ot	שְׁבַע מֵאוֹת (נ)
oitocentos	ʃmone me'ot	שְׁמוֹנֶה מֵאוֹת (נ)
novecentos	tʃa me'ot	תְּשַׁע מֵאוֹת (נ)
mil	'elef	אֶלֶף (ז)
dois mil	al'payim	אַלְפַּיִם (ז)
três mil	'ʃloʃet alafim	שְׁלוֹשֶׁת אֲלָפִים (ז)
dez mil	a'seret alafim	עֲשֶׂרֶת אֲלָפִים (ז)
cem mil	'me'a 'elef	מֵאָה אֶלֶף (ז)
um milhão	milyon	מִילְיוֹן (ז)
um bilhão	milyard	מִילְיַארְד (ז)

9. Números ordinais

primeiro (adj)	riʃon	רִאשׁוֹן
segundo (adj)	ʃeni	שֵׁנִי
terceiro (adj)	ʃliʃi	שְׁלִישִׁי
quarto (adj)	revi'i	רְבִיעִי
quinto (adj)	χamiʃi	חֲמִישִׁי
sexto (adj)	ʃiʃi	שִׁישִׁי
sétimo (adj)	ʃvi'i	שְׁבִיעִי
oitavo (adj)	ʃmini	שְׁמִינִי
nono (adj)	tʃi'i	תְּשִׁיעִי
décimo (adj)	asiri	עֲשִׂירִי

CORES. UNIDADES DE MEDIDA

10. Cores

cor (f)	'tseva	צֶבַע (ז)
tom (m)	gavan	גָּוֶן (ז)
tonalidade (m)	gavan	גָּוֶן (ז)
arco-íris (m)	'kefet	קֶשֶׁת (נ)
branco (adj)	lavan	לָבָן
preto (adj)	faxor	שָׁחוֹר
cinza (adj)	afor	אָפֹר
verde (adj)	yarok	יָרֹק
amarelo (adj)	tsahov	צָהוֹב
vermelho (adj)	adom	אָדֹם
azul (adj)	kaxol	כָּחֹל
azul claro (adj)	taxol	תְּכוֹל
rosa (adj)	varod	וָרֹד
laranja (adj)	katom	כָּתֹם
violeta (adj)	segol	סָגֹל
marrom (adj)	xum	חוּם
dourado (adj)	zahov	זָהוֹב
prateado (adj)	kasuf	כָּסוּף
bege (adj)	beʒ	בֵּז'
creme (adj)	be'tseva krem	בְּצֶבַע קְרֶם
turquesa (adj)	turkiz	טוּרְקִיז
vermelho cereja (adj)	bordo	בּוֹרְדוֹ
lilás (adj)	segol	סָגֹל
carmim (adj)	patol	פָּטֹל
claro (adj)	bahir	בָּהִיר
escuro (adj)	kehe	כֵּהֶה
vivo (adj)	bohek	בּוֹהֵק
de cor	tsiv'oni	צִבְעוֹנִי
a cores	tsiv'oni	צִבְעוֹנִי
preto e branco (adj)	faxor lavan	שָׁחוֹר-לָבָן
unicolor (de uma só cor)	xad tsiv'i	חַד-צִבְעִי
multicolor (adj)	sasgoni	סַסְגּוֹנִי

11. Unidades de medida

peso (m)	mifkal	מִשְׁקָל (ז)
comprimento (m)	'orex	אֹרֶךְ (ז)

largura (f)	'roχav	רוֹחַב (ז)
altura (f)	'gova	גּוֹבַהּ (ז)
profundidade (f)	'omek	עוֹמֶק (ז)
volume (m)	'nefaχ	נֶפַח (ז)
área (f)	'ʃetaχ	שֶׁטַח (ז)

grama (m)	gram	גְּרָם (ז)
miligrama (m)	miligram	מִילִיגְרָם (ז)
quilograma (m)	kilogram	קִילוֹגְרָם (ז)
tonelada (f)	ton	טוֹן (ז)
libra (453,6 gramas)	'pa'und	פָאוּנְד (ז)
onça (f)	'unkiya	אוּנְקִיָּה (נ)

metro (m)	'meter	מֶטֶר (ז)
milímetro (m)	mili'meter	מִילִימֶטֶר (ז)
centímetro (m)	senti'meter	סַנְטִימֶטֶר (ז)
quilômetro (m)	kilo'meter	קִילוֹמֶטֶר (ז)
milha (f)	mail	מַייל (ז)

polegada (f)	inʃ	אִינְץ' (ז)
pé (304,74 mm)	'regel	רֶגֶל (נ)
jarda (914,383 mm)	yard	יַרְד (ז)

metro (m) quadrado	'meter ra'vu'a	מֶטֶר רָבוּעַ (ז)
hectare (m)	hektar	הֶקְטָר (ז)

litro (m)	litr	לִיטר (ז)
grau (m)	ma'ala	מַעֲלָה (נ)
volt (m)	volt	ווֹלְט (ז)
ampère (m)	amper	אַמְפֶּר (ז)
cavalo (m) de potência	'koaχ sus	כּוֹחַ סוּס (ז)

quantidade (f)	kamut	כַּמּוּת (נ)
um pouco de ...	ktsat ...	קְצָת ...
metade (f)	'χetsi	חֵצִי (ז)
dúzia (f)	tresar	תְּרֵיסָר (ז)
peça (f)	yeχida	יְחִידָה (נ)

tamanho (m), dimensão (f)	'godel	גּוֹדֶל (ז)
escala (f)	kne mida	קְנֵה מִידָה (ז)

mínimo (adj)	mini'mali	מִינִימָאלִי
menor, mais pequeno	hakatan beyoter	הַקָּטָן בְּיוֹתֵר
médio (adj)	memutsa	מְמוּצָע
máximo (adj)	maksi'mali	מַקְסִימָלִי
maior, mais grande	hagadol beyoter	הַגָּדוֹל בְּיוֹתֵר

12. Recipientes

pote (m) de vidro	tsin'tsenet	צִנְצֶנֶת (נ)
lata (~ de cerveja)	paχit	פַּחִית (נ)
balde (m)	dli	דְּלִי (ז)
barril (m)	χavit	חָבִית (נ)
bacia (~ de plástico)	gigit	גִּיגִית (נ)

tanque (m)	meiχal	מֵיכָל (ז)
cantil (m) de bolso	meimiya	מֵימִיָּה (נ)
galão (m) de gasolina	'dʒerikan	גֶּ'רִיקָן (ז)
cisterna (f)	meχalit	מֵיכָלִית (נ)
caneca (f)	'sefel	סֵפֶל (ז)
xícara (f)	'sefel	סֵפֶל (ז)
pires (m)	taχtit	תַּחְתִּית (נ)
copo (m)	kos	כּוֹס (נ)
taça (f) de vinho	ga'vi'a	גָּבִיעַ (ז)
panela (f)	sir	סִיר (ז)
garrafa (f)	bakbuk	בַּקְבּוּק (ז)
gargalo (m)	tsavar habakbuk	צַוַּאר הַבַּקְבּוּק (ז)
jarra (f)	kad	כַּד (ז)
jarro (m)	kankan	קַנְקַן (ז)
recipiente (m)	kli	כְּלִי (ז)
pote (m)	sir 'χeres	סִיר חֶרֶס (ז)
vaso (m)	agartal	אֲגַרְטָל (ז)
frasco (~ de perfume)	tsloχit	צְלוֹחִית (נ)
frasquinho (m)	bakbukon	בַּקְבּוּקוֹן (ז)
tubo (m)	ʃfo'feret	שְׁפוֹפֶרֶת (נ)
saco (ex. ~ de açúcar)	sak	שַׂק (ז)
sacola (~ plastica)	sakit	שַׂקִּית (נ)
maço (de cigarros, etc.)	χafisa	חֲפִיסָה (נ)
caixa (~ de sapatos, etc.)	kufsa	קוּפְסָה (נ)
caixote (~ de madeira)	argaz	אַרְגָּז (ז)
cesto (m)	sal	סַל (ז)

VERBOS PRINCIPAIS

13. Os verbos mais importantes. Parte 1

abrir (vt)	lif'toaχ	לִפְתּוֹחַ
acabar, terminar (vt)	lesayem	לְסַיֵּים
aconselhar (vt)	leya'ets	לְיָעֵץ
adivinhar (vt)	lenaχef	לְנַחֵשׁ
advertir (vt)	lehazhir	לְהַזְהִיר

ajudar (vt)	la'azor	לַעֲזוֹר
almoçar (vi)	le'eχol aruχat tsaha'rayim	לֶאֱכוֹל אֲרוּחַת צָהֳרַיִים
alugar (~ um apartamento)	liskor	לִשְׂכּוֹר
amar (pessoa)	le'ehov	לֶאֱהוֹב
ameaçar (vt)	le'ayem	לְאַיֵּים

anotar (escrever)	lirfom	לִרְשׁוֹם
apressar-se (vr)	lemaher	לְמַהֵר
arrepender-se (vr)	lehitsta'er	לְהִצְטַעֵר
assinar (vt)	laχtom	לַחְתּוֹם
brincar (vi)	lehitba'deaχ	לְהִתְבַּדֵּחַ

brincar, jogar (vi, vt)	lesaχek	לְשַׂחֵק
buscar (vt)	leχapes	לְחַפֵּשׁ
caçar (vi)	latsud	לָצוּד
cair (vi)	lipol	לִיפּוֹל

cavar (vt)	laχpor	לַחְפּוֹר
chamar (~ por socorro)	likro	לִקְרוֹא

chegar (vi)	leha'gi'a	לְהַגִּיעַ
chorar (vi)	livkot	לִבְכּוֹת
começar (vt)	lehatχil	לְהַתְחִיל

comparar (vt)	lehaʃvot	לְהַשְׁווֹת
concordar (dizer "sim")	lehaskim	לְהַסְכִּים

confiar (vt)	liv'toaχ	לִבְטוֹחַ
confundir (equivocar-se)	lehitbalbel	לְהִתְבַּלְבֵּל
conhecer (vt)	lehakir et	לְהַכִּיר אֶת
contar (fazer contas)	lispor	לִסְפּוֹר

contar com ...	lismoχ al	לִסְמוֹךְ עַל
continuar (vt)	lehamʃiχ	לְהַמְשִׁיךְ

controlar (vt)	liʃlot	לִשְׁלוֹט
convidar (vt)	lehazmin	לְהַזְמִין
correr (vi)	laruts	לָרוּץ
criar (vt)	litsor	לִיצוֹר
custar (vt)	la'alot	לַעֲלוֹת

14. Os verbos mais importantes. Parte 2

dar (vt)	latet	לָתֵת
dar uma dica	lirmoz	לִרְמוֹז
decorar (enfeitar)	lekaʃet	לְקַשֵּׁט
defender (vt)	lehagen	לְהָגֵן
deixar cair (vt)	lehapil	לְהַפִּיל
descer (para baixo)	la'redet	לָרֶדֶת
desculpar (vt)	lis'loaχ	לִסְלֹחַ
desculpar-se (vr)	lehitnatsel	לְהִתְנַצֵּל
dirigir (~ uma empresa)	lenahel	לְנַהֵל
discutir (notícias, etc.)	ladun	לָדוּן
disparar, atirar (vi)	lirot	לִירוֹת
dizer (vt)	lomar	לוֹמַר
duvidar (vt)	lefakpek	לְפַקְפֵּק
encontrar (achar)	limtso	לִמְצֹא
enganar (vt)	leramot	לְרַמּוֹת
entender (vt)	lehavin	לְהָבִין
entrar (na sala, etc.)	lehikanes	לְהִיכָּנֵס
enviar (uma carta)	liʃ'loaχ	לִשְׁלֹחַ
errar (enganar-se)	lit'ot	לִטְעוֹת
escolher (vt)	livχor	לִבְחוֹר
esconder (vt)	lehastir	לְהַסְתִּיר
escrever (vt)	liχtov	לִכְתּוֹב
esperar (aguardar)	lehamtin	לְהַמְתִּין
esperar (ter esperança)	lekavot	לְקַוּוֹת
esquecer (vt)	liʃ'koaχ	לִשְׁכּוֹחַ
estar (vi)	lihyot	לִהְיוֹת
estudar (vt)	lilmod	לִלְמוֹד
exigir (vt)	lidroʃ	לִדְרוֹשׁ
existir (vi)	lehitkayem	לְהִתְקַיֵּם
explicar (vt)	lehasbir	לְהַסְבִּיר
falar (vi)	ledaber	לְדַבֵּר
faltar (a la escuela, etc.)	lehaχsir	לְהַחְסִיר
fazer (vt)	la'asot	לַעֲשׂוֹת
ficar em silêncio	liʃtok	לִשְׁתּוֹק
gabar-se (vr)	lehitravrev	לְהִתְרַבְרֵב
gostar (apreciar)	limtso χen be'ei'nayim	לִמְצֹא חֵן בְּעֵינַיִים
gritar (vi)	lits'ok	לִצְעוֹק
guardar (fotos, etc.)	liʃmor	לִשְׁמוֹר
informar (vt)	leho'dia	לְהוֹדִיעַ
insistir (vi)	lehit'akeʃ	לְהִתְעַקֵּשׁ
insultar (vt)	leha'aliv	לְהַעֲלִיב
interessar-se (vr)	lehit'anyen be...	לְהִתְעַנְיֵין בְּ...
ir (a pé)	la'leχet	לָלֶכֶת
ir nadar	lehitraχets	לְהִתְרַחֵץ
jantar (vi)	le'eχol aruχat 'erev	לֶאֱכוֹל אֲרוּחַת עֶרֶב

15. Os verbos mais importantes. Parte 3

ler (vt)	likro	לִקְרוֹא
libertar, liberar (vt)	leʃaχrer	לְשַׁחְרֵר
matar (vt)	laharog	לַהֲרוֹג
mencionar (vt)	lehazkir	לְהַזְכִּיר
mostrar (vt)	lehar'ot	לְהַרְאוֹת

mudar (modificar)	leʃanot	לְשַׁנּוֹת
nadar (vi)	lisχot	לִשְׂחוֹת
negar-se a … (vr)	lesarev	לְסָרֵב
objetar (vt)	lehitnaged	לְהִתְנַגֵּד

observar (vt)	litspot, lehaʃkif	לִצְפּוֹת, לְהַשְׁקִיף
ordenar (mil.)	lifkod	לִפְקֹד
ouvir (vt)	liʃ'mo'a	לִשְׁמוֹעַ
pagar (vt)	leʃalem	לְשַׁלֵּם
parar (vi)	la'atsor	לַעֲצוֹר

parar, cessar (vt)	lehafsik	לְהַפְסִיק
participar (vi)	lehiʃtatef	לְהִשְׁתַּתֵּף
pedir (comida, etc.)	lehazmin	לְהַזְמִין
pedir (um favor, etc.)	levakeʃ	לְבַקֵּשׁ
pegar (tomar)	la'kaχat	לָקַחַת

pegar (uma bola)	litfos	לִתְפֹּס
pensar (vi, vt)	laχʃov	לַחְשׁוֹב
perceber (ver)	lasim lev	לָשִׂים לֵב
perdoar (vt)	lis'loaχ	לִסְלוֹחַ
perguntar (vt)	liʃ'ol	לִשְׁאוֹל

permitir (vt)	leharʃot	לְהַרְשׁוֹת
pertencer a … (vi)	lehiʃtayeχ	לְהִשְׁתַּיֵּךְ
planejar (vt)	letaχnen	לְתַכְנֵן
poder (~ fazer algo)	yaχol	יָכוֹל
possuir (uma casa, etc.)	lihyot 'ba'al ʃel	לִהְיוֹת בַּעַל שֶׁל

preferir (vt)	leha'adif	לְהַעֲדִיף
preparar (vt)	levaʃel	לְבַשֵּׁל
prever (vt)	laχazot	לַחֲזוֹת
prometer (vt)	lehav'tiaχ	לְהַבְטִיחַ
pronunciar (vt)	levate	לְבַטֵּא

propor (vt)	leha'tsi'a	לְהַצִּיעַ
punir (castigar)	leha'aniʃ	לְהַעֲנִישׁ
quebrar (vt)	liʃbor	לִשְׁבּוֹר
queixar-se de …	lehitlonen	לְהִתְלוֹנֵן
querer (desejar)	lirtsot	לִרְצוֹת

16. Os verbos mais importantes. Parte 4

ralhar, repreender (vt)	linzof	לִנְזֹף
recomendar (vt)	lehamlits	לְהַמְלִיץ

repetir (dizer outra vez)	laxazor al	לַחֲזֹר עַל
reservar (~ um quarto)	lehazmin meroʃ	לְהַזְמִין מֵרֹאשׁ
responder (vt)	la'anot	לַעֲנוֹת

rezar, orar (vi)	lehitpalel	לְהִתְפַּלֵּל
rir (vi)	litsxok	לִצְחוֹק
roubar (vt)	lignov	לִגְנֹב
saber (vt)	la'da'at	לָדַעַת
sair (~ de casa)	latset	לָצֵאת

salvar (resgatar)	lehatsil	לְהַצִּיל
seguir (~ alguém)	la'akov axarei	לַעֲקֹב אַחֲרֵי
sentar-se (vr)	lehityaʃev	לְהִתְיַשֵּׁב
ser (vi)	lihyot	לִהְיוֹת
ser necessário	lehidareʃ	לְהִידָרֵשׁ

significar (vt)	lomar	לוֹמַר
sorrir (vi)	lexayex	לְחַיֵּךְ
subestimar (vt)	leham'it be''erex	לְהַמְעִיט בְּעֶרֶךְ
surpreender-se (vr)	lehitpale	לְהִתְפַּלֵּא

tentar (~ fazer)	lenasot	לְנַסּוֹת
ter (vt)	lehaxzik	לְהַחֲזִיק
ter fome	lihyot ra'ev	לִהְיוֹת רָעֵב

ter medo	lefaxed	לְפַחֵד
ter sede	lihyot tsame	לִהְיוֹת צָמֵא
tocar (com as mãos)	la'ga'at	לָגַעַת
tomar café da manhã	le'exol aruxat 'boker	לֶאֱכוֹל אֲרוּחַת בּוֹקֶר
trabalhar (vi)	la'avod	לַעֲבוֹד
traduzir (vt)	letargem	לְתַרְגֵּם

unir (vt)	le'axed	לְאַחֵד
vender (vt)	limkor	לִמְכּוֹר
ver (vt)	lir'ot	לִרְאוֹת
virar (~ para a direita)	lifnot	לִפְנוֹת
voar (vi)	la'uf	לָעוּף

TEMPO. CALENDÁRIO

17. Dias da semana

segunda-feira (f)	yom ʃeni	יוֹם שֵׁנִי (ז)
terça-feira (f)	yom ʃliʃi	יוֹם שְׁלִישִׁי (ז)
quarta-feira (f)	yom reviʼi	יוֹם רְבִיעִי (ז)
quinta-feira (f)	yom χamiʃi	יוֹם חֲמִישִׁי (ז)
sexta-feira (f)	yom ʃiʃi	יוֹם שִׁישִׁי (ז)
sábado (m)	ʃabat	שַׁבָּת (נ)
domingo (m)	yom riʃon	יוֹם רָאשׁוֹן (ז)

hoje	hayom	הַיּוֹם
amanhã	maχar	מָחָר
depois de amanhã	maχaraʼtayim	מָחֳרָתַיִם
ontem	etmol	אֶתְמוֹל
anteontem	ʃilʃom	שִׁלְשׁוֹם

dia (m)	yom	יוֹם (ז)
dia (m) de trabalho	yom avoda	יוֹם עֲבוֹדָה (ז)
feriado (m)	yom χag	יוֹם חַג (ז)
dia (m) de folga	yom menuχa	יוֹם מְנוּחָה (ז)
fim (m) de semana	sof ʃaʼvuʻa	סוֹף שָׁבוּעַ

o dia todo	kol hayom	כָּל הַיּוֹם
no dia seguinte	lamaχarat	לַמָחֳרָת
há dois dias	lifnei yoʼmayim	לִפְנֵי יוֹמַיִם
na véspera	ʼerev	עֶרֶב
diário (adj)	yomyomi	יוֹמְיוֹמִי
todos os dias	midei yom	מְדֵי יוֹם

semana (f)	ʃaʼvua	שָׁבוּעַ (ז)
na semana passada	baʃaʼvuʻa ʃeʼavar	בַּשָׁבוּעַ שֶׁעָבַר
semana que vem	baʃaʼvuʻa haba	בַּשָׁבוּעַ הַבָּא
semanal (adj)	ʃvuʼi	שְׁבוּעִי
toda semana	kol ʃaʼvuʻa	כָּל שָׁבוּעַ
duas vezes por semana	paʻaʼmayim beʃaʼvuʻa	פַּעֲמַיִם בְּשָׁבוּעַ
toda terça-feira	kol yom ʃliʃi	כָּל יוֹם שְׁלִישִׁי

18. Horas. Dia e noite

manhã (f)	ʼboker	בּוֹקֶר (ז)
de manhã	baʼboker	בַּבּוֹקֶר
meio-dia (m)	tsahaʼrayim	צָהֳרַיִם (ז״ר)
à tarde	aχar hatsahaʼrayim	אַחַר הַצָהֳרַיִם

tardinha (f)	ʼerev	עֶרֶב (ז)
à tardinha	baʼʼerev	בָּעֶרֶב

noite (f)	'laila	לַיְלָה (ז)
à noite	ba'laila	בַּלַּיְלָה
meia-noite (f)	χatsot	חֲצוֹת (נ)

segundo (m)	ʃniya	שְׁנִיָּה (נ)
minuto (m)	daka	דַּקָּה (נ)
hora (f)	ʃa'a	שָׁעָה (נ)
meia hora (f)	χatsi ʃa'a	חֲצִי שָׁעָה (נ)
quarto (m) de hora	'reva ʃa'a	רֶבַע שָׁעָה (ז)
quinze minutos	χameʃ esre dakot	חָמֵשׁ עֶשְׂרֵה דַּקּוֹת
vinte e quatro horas	yemama	יְמָמָה (נ)

nascer (m) do sol	zriχa	זְרִיחָה (נ)
amanhecer (m)	'ʃaχar	שַׁחַר (ז)
madrugada (f)	'ʃaχar	שַׁחַר (ז)
pôr-do-sol (m)	ʃki'a	שְׁקִיעָה (נ)

de madrugada	mukdam ba'boker	מוּקְדָּם בַּבּוֹקֶר
esta manhã	ha'boker	הַבּוֹקֶר
amanhã de manhã	maχar ba'boker	מָחָר בַּבּוֹקֶר

esta tarde	hayom aχarei hatzaha'rayim	הַיּוֹם אַחֲרֵי הַצָּהֳרַיִם
à tarde	aχar hatsaha'rayim	אַחַר הַצָּהֳרַיִם
amanhã à tarde	maχar aχarei hatsaha'rayim	מָחָר אַחֲרֵי הַצָּהֳרַיִם

| esta noite, hoje à noite | ha''erev | הָעֶרֶב |
| amanhã à noite | maχar ba''erev | מָחָר בָּעֶרֶב |

às três horas em ponto	baʃa'a ʃaloʃ bediyuk	בְּשָׁעָה שָׁלוֹשׁ בְּדִיּוּק
por volta das quatro	bisvivot arba	בִּסְבִיבוֹת אַרְבַּע
às doze	ad ʃteim esre	עַד שְׁתֵּים-עֶשְׂרֵה

em vinte minutos	be'od esrim dakot	בְּעוֹד עֶשְׂרִים דַּקּוֹת
em uma hora	be'od ʃa'a	בְּעוֹד שָׁעָה
a tempo	bazman	בַּזְמַן

... um quarto para	'reva le...	רֶבַע לְ...
dentro de uma hora	toχ ʃa'a	תּוֹךְ שָׁעָה
a cada quinze minutos	kol 'reva ʃa'a	כָּל רֶבַע שָׁעָה
as vinte e quatro horas	misaviv laʃa'on	מִסָּבִיב לַשָּׁעוֹן

19. Meses. Estações

janeiro (m)	'yanu'ar	יָנוּאָר (ז)
fevereiro (m)	'febru'ar	פֶבְּרוּאָר (ז)
março (m)	merts	מֶרְץ (ז)
abril (m)	april	אַפְּרִיל (ז)
maio (m)	mai	מַאי (ז)
junho (m)	'yuni	יוּנִי (ז)

julho (m)	'yuli	יוּלִי (ז)
agosto (m)	'ogust	אוֹגוּסְט (ז)
setembro (m)	sep'tember	סֶפְּטֶמְבָּר (ז)
outubro (m)	ok'tober	אוֹקְטוֹבָּר (ז)

novembro (m)	no'vember	נוֹבֶמְבֶּר (ז)
dezembro (m)	de'tsember	דֶּצֶמְבֶּר (ז)
primavera (f)	aviv	אָבִיב (ז)
na primavera	ba'aviv	בָּאָבִיב
primaveril (adj)	avivi	אֲבִיבִי
verão (m)	'kayits	קַיִץ (ז)
no verão	ba'kayits	בַּקַּיִץ
de verão	ketsi	קֵיצִי
outono (m)	stav	סְתָיו (ז)
no outono	bestav	בַּסְּתָיו
outonal (adj)	stavi	סְתָווִי
inverno (m)	'χoref	חוֹרֶף (ז)
no inverno	ba'χoref	בַּחוֹרֶף
de inverno	χorpi	חוֹרְפִּי
mês (m)	'χodeʃ	חוֹדֶשׁ (ז)
este mês	ha'χodeʃ	הַחוֹדֶשׁ
mês que vem	ba'χodeʃ haba	בַּחוֹדֶשׁ הַבָּא
no mês passado	ba'χodeʃ ʃe'avar	בַּחוֹדֶשׁ שֶׁעָבַר
um mês atrás	lifnei 'χodeʃ	לִפְנֵי חוֹדֶשׁ
em um mês	be'od 'χodeʃ	בְּעוֹד חוֹדֶשׁ
em dois meses	be'od χod'ʃayim	בְּעוֹד חוֹדְשַׁיִים
todo o mês	kol ha'χodeʃ	כָּל הַחוֹדֶשׁ
um mês inteiro	kol ha'χodeʃ	כָּל הַחוֹדֶשׁ
mensal (adj)	χodʃi	חוֹדְשִׁי
mensalmente	χodʃit	חוֹדְשִׁית
todo mês	kol 'χodeʃ	כָּל חוֹדֶשׁ
duas vezes por mês	pa'a'mayim be'χodeʃ	פַּעֲמַיִים בְּחוֹדֶשׁ
ano (m)	ʃana	שָׁנָה (נ)
este ano	haʃana	הַשָּׁנָה
ano que vem	baʃana haba'a	בַּשָּׁנָה הַבָּאָה
no ano passado	baʃana ʃe'avra	בַּשָּׁנָה שֶׁעָבְרָה
há um ano	lifnei ʃana	לִפְנֵי שָׁנָה
em um ano	be'od ʃana	בְּעוֹד שָׁנָה
dentro de dois anos	be'od ʃna'tayim	בְּעוֹד שְׁנָתַיִים
todo o ano	kol haʃana	כָּל הַשָּׁנָה
um ano inteiro	kol haʃana	כָּל הַשָּׁנָה
cada ano	kol ʃana	כָּל שָׁנָה
anual (adj)	ʃnati	שְׁנָתִי
anualmente	midei ʃana	מִדֵּי שָׁנָה
quatro vezes por ano	arba pa'amim be'χodeʃ	אַרְבַּע פְּעָמִים בְּחוֹדֶשׁ
data (~ de hoje)	ta'ariχ	תַּאֲרִיךְ (ז)
data (ex. ~ de nascimento)	ta'ariχ	תַּאֲרִיךְ (ז)
calendário (m)	'luaχ ʃana	לוּחַ שָׁנָה (ז)
meio ano	χatsi ʃana	חֲצִי שָׁנָה (ז)
seis meses	ʃiʃa χodaʃim, χatsi ʃana	חֲצִי שָׁנָה, שִׁישָׁה חוֹדָשִׁים

| estação (f) | ona | עוֹנָה (נ) |
| séculо (m) | 'me'a | מֵאָה (נ) |

VIAGENS. HOTEL

20. Viagens

turismo (m)	tayarut	תַּיָּירוּת (נ)
turista (m)	tayar	תַּיָּיר (ז)
viagem (f)	tiyul	טִיּוּל (ז)
aventura (f)	harpatka	הַרְפַּתְקָה (נ)
percurso (curta viagem)	nesiʿa	נְסִיעָה (נ)
férias (f pl)	χuʃʃa	חוּפְשָׁה (נ)
estar de férias	lihyot beχuʃʃa	לִהְיוֹת בְּחוּפְשָׁה
descanso (m)	menuχa	מְנוּחָה (נ)
trem (m)	ra'kevet	רַכֶּבֶת (נ)
de trem (chegar ~)	bera'kevet	בְּרַכֶּבֶת
avião (m)	matos	מָטוֹס (ז)
de avião	bematos	בְּמָטוֹס
de carro	bemeχonit	בִּמְכוֹנִית
de navio	be'oniya	בָּאוֹנִיָּיה
bagagem (f)	mitʿan	מִטְעָן (ז)
mala (f)	mizvada	מִזְוֶונָדָה (נ)
carrinho (m)	eglat mitʿan	עֶגְלַת מִטְעָן (נ)
passaporte (m)	darkon	דַּרְכּוֹן (ז)
visto (m)	'viza, aʃra	וִיזָה, אַשְׁרָה (נ)
passagem (f)	kartis	כַּרְטִיס (ז)
passagem (f) aérea	kartis tisa	כַּרְטִיס טִיסָה (ז)
guia (m) de viagem	madriχ	מַדְרִיךְ (ז)
mapa (m)	mapa	מַפָּה (נ)
área (f)	ezor	אֵזוֹר (ז)
lugar (m)	makom	מָקוֹם (ז)
exotismo (m)	ek'zotika	אֶקְזוֹטִיקָה (נ)
exótico (adj)	ek'zoti	אֶקְזוֹטִי
surpreendente (adj)	nifla	נִפְלָא
grupo (m)	kvutsa	קְבוּצָה (נ)
excursão (f)	tiyul	טִיּוּל (ז)
guia (m)	madriχ tiyulim	מַדְרִיךְ טִיּוּלִים (ז)

21. Hotel

hospedaria (f)	malon	מָלוֹן (ז)
motel (m)	motel	מוֹטֶל (ז)
três estrelas	ʃloʃa koχavim	שְׁלוֹשָׁה כּוֹכָבִים

| cinco estrelas | χamiʃa koχavim | חֲמִישָׁה כּוֹכָבִים |
| ficar (vi, vt) | lehit'aχsen | לְהִתְאַכְסֵן |

quarto (m)	'χeder	חֶדֶר (ז)
quarto (m) individual	'χeder yaχid	חֶדֶר יָחִיד (ז)
quarto (m) duplo	'χeder zugi	חֶדֶר זוּגִי (ז)
reservar um quarto	lehazmin 'χeder	לְהַזְמִין חֶדֶר

| meia pensão (f) | χatsi pensiyon | חֲצִי פֶּנְסִיוֹן (ז) |
| pensão (f) completa | pensyon male | פֶּנְסִיוֹן מָלֵא (ז) |

com banheira	im am'batya	עִם אַמְבַּטְיָה
com chuveiro	im mik'laχat	עִם מִקְלַחַת
televisão (m) por satélite	tele'vizya bekvalim	טֶלֶוִוִיזְיָה בְּכְבָלִים (נ)
ar (m) condicionado	mazgan	מַזְגָן (ז)
toalha (f)	ma'gevet	מַגֶבֶת (נ)
chave (f)	maf'teaχ	מַפְתֵחַ (ז)

administrador (m)	amarkal	אֲמַרְכָּל (ז)
camareira (f)	χadranit	חַדְרָנִית (נ)
bagageiro (m)	sabal	סַבָּל (ז)
porteiro (m)	pakid kabala	פְּקִיד קַבָּלָה (ז)

restaurante (m)	mis'ada	מִסְעָדָה (נ)
bar (m)	bar	בָּר (ז)
café (m) da manhã	aruχat 'boker	אֲרוּחַת בּוֹקֶר (נ)
jantar (m)	aruχat 'erev	אֲרוּחַת עֶרֶב (נ)
bufê (m)	miznon	מִזְנוֹן (ז)

| saguão (m) | 'lobi | לוֹבִּי (ז) |
| elevador (m) | ma'alit | מַעֲלִית (נ) |

| NÃO PERTURBE | lo lehaf'ri'a | לֹא לְהַפְרִיעַ |
| PROIBIDO FUMAR! | asur le'aʃen! | אָסוּר לְעַשֵׁן! |

22. Turismo

monumento (m)	an'darta	אַנְדַרְטָה (נ)
fortaleza (f)	mivtsar	מִבְצָר (ז)
palácio (m)	armon	אַרְמוֹן (ז)
castelo (m)	tira	טִירָה (נ)
torre (f)	migdal	מִגְדָל (ז)
mausoléu (m)	ma'uzo'le'um	מָאוזוֹלֵיאוּם (ז)

arquitetura (f)	adriχalut	אַדְרִיכָלוּת (נ)
medieval (adj)	benaimi	בֵּינַיימִי
antigo (adj)	atik	עָתִיק
nacional (adj)	le'umi	לְאוּמִי
famoso, conhecido (adj)	mefursam	מְפוּרְסָם

turista (m)	tayar	תַיָיר (ז)
guia (pessoa)	madriχ tiyulim	מַדְרִיךְ טִיוּלִים (ז)
excursão (f)	tiyul	טִיוּל (ז)
mostrar (vt)	lehar'ot	לְהַרְאוֹת

contar (vt)	lesaper	לְסַפֵּר
encontrar (vt)	limtso	לִמְצוֹא
perder-se (vr)	la'leχet le'ibud	לָלֶכֶת לְאִיבּוּד
mapa (~ do metrô)	mapa	מַפָּה (נ)
mapa (~ da cidade)	tarʃim	תַרשִׁים (ז)
lembrança (f), presente (m)	maz'keret	מַזכֶּרֶת (נ)
loja (f) de presentes	χanut matanot	חֲנוּת מַתָנוֹת (נ)
tirar fotos, fotografar	letsalem	לְצַלֵם
fotografar-se (vr)	lehitstalem	לְהִצטַלֵם

TRANSPORTES

23. Aeroporto

aeroporto (m)	nemal te'ufa	נְמַל תְּעוּפָה (ז)
avião (m)	matos	מָטוֹס (ז)
companhia (f) aérea	xevrat te'ufa	חָבְרַת תְּעוּפָה (נ)
controlador (m) de tráfego aéreo	bakar tisa	בַּקָר טִיסָה (ז)

partida (f)	hamra'a	הַמְרָאָה (נ)
chegada (f)	nexita	נְחִיתָה (נ)
chegar (vi)	leha'gi'a betisa	לְהַגִיעַ בְּטִיסָה

hora (f) de partida	zman hamra'a	זְמַן הַמְרָאָה (ז)
hora (f) de chegada	zman nexita	זְמַן נְחִיתָה (ז)

estar atrasado	lehit'akev	לְהִתְעַכֵּב
atraso (m) de voo	ikuv hatisa	עִיכּוּב הַטִיסָה (ז)

painel (m) de informação	'luax meida	לוּחַ מֵידָע (ז)
informação (f)	meida	מֵידָע (ז)
anunciar (vt)	leho'dia	לְהוֹדִיעַ
voo (m)	tisa	טִיסָה (נ)

alfândega (f)	'mexes	מֶכֶס (ז)
funcionário (m) da alfândega	pakid 'mexes	פָּקִיד מֶכֶס (ז)

declaração (f) alfandegária	hatsharat mexes	הַצְהָרַת מֶכֶס (נ)
preencher (vt)	lemale	לְמַלֵא
preencher a declaração	lemale 'tofes hatshara	לְמַלֵא טוֹפֶס הַצְהָרָה
controle (m) de passaporte	bdikat darkonim	בְּדִיקַת דַרְכּוֹנִים (נ)

bagagem (f)	kvuda	כְּבוּדָה (נ)
bagagem (f) de mão	kvudat yad	כְּבוּדַת יָד (נ)
carrinho (m)	eglat kvuda	עֶגְלַת כְּבוּדָה (נ)

pouso (m)	nexita	נְחִיתָה (נ)
pista (f) de pouso	maslul nexita	מַסְלוּל נְחִיתָה (ז)
aterrissar (vi)	linxot	לִנְחוֹת
escada (f) de avião	'kavef	כֶּבֶשׁ (ז)

check-in (m)	tfek in	צֶ'ק אִין (ז)
balcão (m) do check-in	dalpak tfek in	דַלְפָּק צֶ'ק אִין (ז)
fazer o check-in	leva'tse'a tfek in	לְבַצֵעַ צֶ'ק אִין
cartão (m) de embarque	kartis aliya lematos	כַּרְטִיס עָלִיָה לְמָטוֹס (ז)
portão (m) de embarque	'ʃa'ar yetsi'a	שַׁעַר יְצִיאָה (ז)

trânsito (m)	ma'avar	מַעֲבָר (ז)
esperar (vi, vt)	lehamtin	לְהַמְתִין

sala (f) de espera	traklin tisa	טְרַקְלִין טִיסָה (ז)
despedir-se (acompanhar)	lelavot	לְלַוּוֹת
despedir-se (dizer adeus)	lomar lehitra'ot	לוֹמַר לְהִתְרָאוֹת

24. Avião

avião (m)	matos	מָטוֹס (ז)
passagem (f) aérea	kartis tisa	כַּרְטִיס טִיסָה (ז)
companhia (f) aérea	xevrat te'ufa	חֶבְרַת תְּעוּפָה (נ)
aeroporto (m)	nemal te'ufa	נְמַל תְּעוּפָה (ז)
supersônico (adj)	al koli	עַל קוֹלִי

comandante (m) do avião	kabarnit	קַבַּרְנִיט (ז)
tripulação (f)	'tsevet	צֶוֶת (ז)
piloto (m)	tayas	טַיָּס (ז)
aeromoça (f)	da'yelet	דַּיֶּלֶת (נ)
copiloto (m)	navat	נַוָּט (ז)

asas (f pl)	kna'fayim	כְּנָפַיִם (נ"ר)
cauda (f)	zanav	זָנָב (ז)
cabine (f)	'kokpit	קוֹקְפִּיט (ז)
motor (m)	ma'no'a	מָנוֹעַ (ז)

trem (m) de pouso	kan nesi'a	כַּן נְסִיעָה (ז)
turbina (f)	tur'bina	טוּרְבִּינָה (נ)

hélice (f)	madxef	מַדְחֵף (ז)
caixa-preta (f)	kufsa ʃxora	קוּפְסָה שְׁחוֹרָה (נ)

coluna (f) de controle	'hege	הֶגֶה (ז)
combustível (m)	'delek	דֶּלֶק (ז)

instruções (f pl) de segurança	hora'ot betixut	הוֹרָאוֹת בְּטִיחוּת (נ"ר)
máscara (f) de oxigênio	masexat xamtsan	מַסֵּיכַת חַמְצָן (נ)
uniforme (m)	madim	מַדִּים (ז"ר)

colete (m) salva-vidas	xagorat hatsala	חֲגוֹרַת הַצָּלָה (נ)
paraquedas (m)	mitsnax	מִצְנָח (ז)

decolagem (f)	hamra'a	הַמְרָאָה (נ)
descolar (vi)	lehamri	לְהַמְרִיא
pista (f) de decolagem	maslul hamra'a	מַסְלוּל הַמְרָאָה (ז)

visibilidade (f)	re'ut	רְאוּת (נ)
voo (m)	tisa	טִיסָה (נ)

altura (f)	'gova	גוֹבַה (ז)
poço (m) de ar	kis avir	כִּיס אֲוִויר (ז)

assento (m)	moʃav	מוֹשָׁב (ז)
fone (m) de ouvido	ozniyot	אוֹזְנִיּוֹת (נ"ר)
mesa (f) retrátil	magaʃ mitkapel	מַגָּשׁ מִתְקַפֵּל (ז)
janela (f)	tsohar	צוֹהַר (ז)
corredor (m)	ma'avar	מַעֲבָר (ז)

25. Comboio

trem (m)	ra'kevet	רַכֶּבֶת (נ)
trem (m) elétrico	ra'kevet parvarim	רַכֶּבֶת פַּרבָרִים (נ)
trem (m)	ra'kevet mehira	רַכֶּבֶת מְהִירָה (נ)
locomotiva (f) diesel	katar 'dizel	קַטָר דִיזָל (ז)
locomotiva (f) a vapor	katar	קַטָר (ז)
vagão (f) de passageiros	karon	קָרוֹן (ז)
vagão-restaurante (m)	kron mis'ada	קָרוֹן מִסעָדָה (ז)
carris (m pl)	mesilot	מְסִילוֹת (נ"ר)
estrada (f) de ferro	mesilat barzel	מְסִילַת בַּרזָל (נ)
travessa (f)	'eden	אֶדֶן (ז)
plataforma (f)	ratsif	רָצִיף (ז)
linha (f)	mesila	מְסִילָה (נ)
semáforo (m)	ramzor	רַמזוֹר (ז)
estação (f)	taxana	תַחֲנָה (נ)
maquinista (m)	nahag ra'kevet	נַהַג רַכֶּבֶת (ז)
bagageiro (m)	sabal	סַבָּל (ז)
hospedeiro, -a (m, f)	sadran ra'kevet	סַדרָן רַכֶּבֶת (ז)
passageiro (m)	no'se'a	נוֹסֵעַ (ז)
revisor (m)	bodek	בּוֹדֵק (ז)
corredor (m)	prozdor	פרוֹזדוֹר (ז)
freio (m) de emergência	ma'atsar xirum	מַעֲצַר חִירוּם (ז)
compartimento (m)	ta	תָא (ז)
cama (f)	dargaʃ	דַרגָש (ז)
cama (f) de cima	dargaʃ elyon	דַרגָש עֶליוֹן (ז)
cama (f) de baixo	dargaʃ taxton	דַרגָש תַחתוֹן (ז)
roupa (f) de cama	matsa'im	מַצָעִים (ז"ר)
passagem (f)	kartis	כַּרטִיס (ז)
horário (m)	'luax zmanim	לוּחַ זמַנִים (ז)
painel (m) de informação	ʃelet meida	שֶלֶט מֵידַע (ז)
partir (vt)	latset	לָצֵאת
partida (f)	yetsi'a	יְצִיאָה (נ)
chegar (vi)	leha'gi'a	לְהַגִיעַ
chegada (f)	haga'a	הַגָעָה (נ)
chegar de trem	leha'gi'a bera'kevet	לְהַגִיעַ בְּרַכֶּבֶת
pegar o trem	la'alot lera'kevet	לַעֲלוֹת לְרַכֶּבֶת
descer de trem	la'redet mehara'kevet	לָרֶדֶת מֵהָרַכֶּבֶת
acidente (m) ferroviário	hitraskut	הִתרַסקוּת (נ)
descarrilar (vi)	la'redet mipasei ra'kevet	לָרֶדֶת מִפַּסֵי רַכֶּבֶת
locomotiva (f) a vapor	katar	קַטָר (ז)
foguista (m)	masik	מַסִיק (ז)
fornalha (f)	kivʃan	כִּבשָן (ז)
carvão (m)	pexam	פֶּחָם (ז)

26. Barco

navio (m)	sfina	סְפִינָה (נ)
embarcação (f)	sfina	סְפִינָה (נ)
barco (m) a vapor	oniyat kitor	אֳנִיַּת קִיטוֹר (נ)
barco (m) fluvial	sfinat nahar	סְפִינַת נָהָר (נ)
transatlântico (m)	oniyat ta'anugot	אֳנִיַּת תַּעֲנוּגוֹת (נ)
cruzeiro (m)	sa'yeret	סַיֶּרֶת (נ)
iate (m)	'yaχta	יַכְטָה (נ)
rebocador (m)	go'reret	גּוֹרֶרֶת (נ)
barcaça (f)	arba	אַרְבָּה (נ)
ferry (m)	ma'a'boret	מַעֲבֹּרֶת (נ)
veleiro (m)	sfinat mifras	סְפִינַת מִפְרָשׂ (נ)
bergantim (m)	briganit	בְּרִיגָנִית (נ)
quebra-gelo (m)	ʃo'veret 'keraχ	שׁוֹבֶרֶת קֶרַח (נ)
submarino (m)	ʦo'lelet	צוֹלֶלֶת (נ)
bote, barco (m)	sira	סִירָה (נ)
baleeira (bote salva-vidas)	sira	סִירָה (נ)
bote (m) salva-vidas	sirat haʦala	סִירַת הַצָּלָה (נ)
lancha (f)	sirat ma'no'a	סִירַת מָנוֹעַ (נ)
capitão (m)	rav χovel	רַב־חוֹבֵל (ז)
marinheiro (m)	malaχ	מַלָּח (ז)
marujo (m)	yamai	יַמַּאי (ז)
tripulação (f)	'ʦevet	צֶוֶת (ז)
contramestre (m)	rav malaχim	רַב־מַלָּחִים (ז)
grumete (m)	'na'ar sipun	נַעַר סִיפּוּן (ז)
cozinheiro (m) de bordo	tabaχ	טַבָּח (ז)
médico (m) de bordo	rofe ha'oniya	רוֹפֵא הָאוֹנִיָּיה (ז)
convés (m)	sipun	סִיפּוּן (ז)
mastro (m)	'toren	תּוֹרֶן (ז)
vela (f)	mifras	מִפְרָשׂ (ז)
porão (m)	'beten oniya	בֶּטֶן אוֹנִיָּיה (נ)
proa (f)	χartom	חַרְטוֹם (ז)
popa (f)	yarketei hasfina	יַרְכְּתֵי הַסְּפִינָה (ז"ר)
remo (m)	maʃot	מָשׁוֹט (ז)
hélice (f)	madχef	מַדְחֵף (ז)
cabine (m)	ta	תָּא (ז)
sala (f) dos oficiais	mo'adon kʦinim	מוֹעֲדוֹן קְצִינִים (ז)
sala (f) das máquinas	χadar meχonot	חֲדַר מְכוֹנוֹת (ז)
ponte (m) de comando	'geʃer hapikud	גֶּשֶׁר הַפִּיקוּד (ז)
sala (f) de comunicações	ta alχutan	תָּא אַלְחוּטָן (ז)
onda (f)	'teder	תֶּדֶר (ז)
diário (m) de bordo	yoman ha'oniya	יוֹמָן הָאוֹנִיָּיה (ז)
luneta (f)	miʃʼkefet	מִשְׁקֶפֶת (נ)
sino (m)	pa'amon	פַּעֲמוֹן (ז)

bandeira (f)	'degel	דֶּגֶל (ז)
cabo (m)	avot ha'oniya	עֲבוֹת הָאוֹנִיָּה (נ)
nó (m)	'keſer	קֶשֶׁר (ז)
corrimão (m)	ma'ake hasipun	מַעֲקֵה הַסִּיפּוּן (ז)
prancha (f) de embarque	'keveſ	כֶּבֶשׁ (ז)
âncora (f)	'ogen	עוֹגֶן (ז)
recolher a âncora	leharim 'ogen	לְהָרִים עוֹגֶן
jogar a âncora	la'agon	לַעֲגוֹן
amarra (corrente de âncora)	ſar'ſeret ha'ogen	שַׁרְשֶׁרֶת הָעוֹגֶן (נ)
porto (m)	namal	נָמֵל (ז)
cais, amarradouro (m)	'mezaχ	מֶזַח (ז)
atracar (vi)	la'agon	לַעֲגוֹן
desatracar (vi)	lehaflig	לְהַפְלִיג
viagem (f)	masa, tiyul	מַסָּע (ז), טִיּוּל (ז)
cruzeiro (m)	'ſayit	שַׁיִט (ז)
rumo (m)	kivun	כִּיווּן (ז)
itinerário (m)	nativ	נָתִיב (ז)
canal (m) de navegação	nativ 'ſayit	נָתִיב שַׁיִט (ז)
banco (m) de areia	sirton	שִׂרְטוֹן (ז)
encalhar (vt)	la'alot al hasirton	לַעֲלוֹת עַל הַשִּׂרְטוֹן
tempestade (f)	sufa	סוּפָה (נ)
sinal (m)	ot	אוֹת (ז)
afundar-se (vr)	lit'bo'a	לִטְבּוֹעַ
Homem ao mar!	adam ba'mayim!	אָדָם בַּמַּיִם!
SOS	kri'at hatsala	קְרִיאַת הַצָּלָה
boia (f) salva-vidas	galgal hatsala	גַּלְגַּל הַצָּלָה (ז)

CIDADE

27. Transportes urbanos

ônibus (m)	'otobus	אוֹטוֹבּוּס (ז)
bonde (m) elétrico	ra'kevet kala	רַכֶּבֶת קַלָּה (נ)
trólebus (m)	tro'leibus	טרוֹלֵיבּוּס (ז)
rota (f), itinerário (m)	maslul	מַסלוּל (ז)
número (m)	mispar	מִספָּר (ז)

ir de … (carro, etc.)	lin'so'a be…	לִנסוֹעַ בְּ…
entrar no …	la'alot	לַעֲלוֹת
descer do …	la'redet mi…	לָרֶדֶת מ…

parada (f)	taχana	תַחֲנָה (נ)
próxima parada (f)	hataχana haba'a	הַתַחֲנָה הַבָּאָה (נ)
terminal (m)	hataχana ha'aχrona	הַתַחֲנָה הָאַחרוֹנָה (נ)
horário (m)	'luaχ zmanim	לוּחַ זמַנִים (ז)
esperar (vt)	lehamtin	לְהַמתִין

| passagem (f) | kartis | כַּרטִיס (ז) |
| tarifa (f) | meχir hanesiya | מְחִיר הַנְּסִיעָה (ז) |

bilheteiro (m)	kupai	קוּפַּאי (ז)
controle (m) de passagens	bi'koret kartisim	בִּיקוֹרֶת כַּרטִיסִים (נ)
revisor (m)	mevaker	מְבַקֵר (ז)

atrasar-se (vr)	le'aχer	לְאַחֵר
perder (o autocarro, etc.)	lefasfes	לְפַספֵס
estar com pressa	lemaher	לְמַהֵר

táxi (m)	monit	מוֹנִית (נ)
taxista (m)	nahag monit	נַהַג מוֹנִית (ז)
de táxi (ir ~)	bemonit	בְּמוֹנִית
ponto (m) de táxis	taχanat moniyot	תַחֲנַת מוֹנִיּוֹת (נ)
chamar um táxi	lehazmin monit	לְהַזמִין מוֹנִית
pegar um táxi	la'kaχat monit	לָקַחַת מוֹנִית

tráfego (m)	tnu'a	תנוּעָה (נ)
engarrafamento (m)	pkak	פּקָק (ז)
horas (f pl) de pico	ʃa'ot 'omes	שְעוֹת עוֹמֶס (נ"ר)
estacionar (vi)	laχanot	לַחֲנוֹת
estacionar (vt)	lehaχnot	לְהַחנוֹת
parque (m) de estacionamento	χanaya	חֲנָיָה (נ)

metrô (m)	ra'kevet taχtit	רַכֶּבֶת תַחתִית (נ)
estação (f)	taχana	תַחֲנָה (נ)
ir de metrô	lin'so'a betaχtit	לִנסוֹעַ בְּתַחתִית
trem (m)	ra'kevet	רַכֶּבֶת (נ)
estação (f) de trem	taχanat ra'kevet	תַחֲנַת רַכֶּבֶת (נ)

28. Cidade. Vida na cidade

cidade (f)	ir	עִיר (נ)
capital (f)	ir bira	עִיר בִּירָה (נ)
aldeia (f)	kfar	כְּפָר (ז)

mapa (m) da cidade	mapat ha'ir	מַפַּת הָעִיר (נ)
centro (m) da cidade	merkaz ha'ir	מֶרְכַּז הָעִיר (ז)
subúrbio (m)	parvar	פַּרְוָר (ז)
suburbano (adj)	parvari	פַּרְוָרִי

periferia (f)	parvar	פַּרְוָר (ז)
arredores (m pl)	svivot	סְבִיבוֹת (נ"ר)
quarteirão (m)	ʃxuna	שְׁכוּנָה (נ)
quarteirão (m) residencial	ʃxunat megurim	שְׁכוּנַת מְגוּרִים (נ)

tráfego (m)	tnu'a	תְּנוּעָה (נ)
semáforo (m)	ramzor	רַמְזוֹר (ז)
transporte (m) público	taxbura tsiburit	תַּחְבּוּרָה צִיבּוּרִית (נ)
cruzamento (m)	'tsomet	צוֹמֶת (ז)

faixa (f)	ma'avar xatsaya	מַעֲבַר חֲצָיָה (ז)
túnel (m) subterrâneo	ma'avar tat karka'i	מַעֲבָר תַּת-קַרְקָעִי (ז)
cruzar, atravessar (vt)	laxatsot	לַחֲצוֹת
pedestre (m)	holex 'regel	הוֹלֵךְ רֶגֶל (ז)
calçada (f)	midraxa	מִדְרָכָה (נ)

ponte (f)	'geʃer	גֶּשֶׁר (ז)
margem (f) do rio	ta'yelet	טַיֶּלֶת (נ)
fonte (f)	mizraka	מִזְרָקָה (נ)

alameda (f)	sdera	שְׂדֵרָה (נ)
parque (m)	park	פַּארק (ז)
bulevar (m)	sdera	שְׂדֵרָה (נ)
praça (f)	kikar	כִּיכָּר (נ)
avenida (f)	rexov raʃi	רְחוֹב רָאשִׁי (ז)
rua (f)	rexov	רְחוֹב (ז)
travessa (f)	simta	סִמְטָה (נ)
beco (m) sem saída	mavoi satum	מָבוֹי סָתוּם (ז)

casa (f)	'bayit	בַּיִת (ז)
edifício, prédio (m)	binyan	בִּנְיָן (ז)
arranha-céu (m)	gored ʃxakim	גּוֹרֵד שְׁחָקִים (ז)

fachada (f)	xazit	חָזִית (נ)
telhado (m)	gag	גַּג (ז)
janela (f)	xalon	חַלּוֹן (ז)
arco (m)	'keʃet	קֶשֶׁת (נ)
coluna (f)	amud	עַמּוּד (ז)
esquina (f)	pina	פִּינָה (נ)

vitrine (f)	xalon ra'ava	חַלּוֹן רַאֲוָוה (ז)
letreiro (m)	'ʃelet	שֶׁלֶט (ז)
cartaz (do filme, etc.)	kraza	כְּרָזָה (נ)
cartaz (m) publicitário	'poster	פּוֹסְטֶר (ז)

painel (m) publicitário	'luaχ pirsum	לוּחַ פִּרְסוּם (ז)
lixo (m)	'zevel	זֶבֶל (ז)
lata (f) de lixo	paχ a∫pa	פַּח אַשְׁפָּה (ז)
jogar lixo na rua	lelaχleχ	לְלַכְלֵךְ
aterro (m) sanitário	mizbala	מִזְבָּלָה (נ)
orelhão (m)	ta 'telefon	תָּא טֶלֶפוֹן (ז)
poste (m) de luz	amud panas	עַמּוּד פָּנָס (ז)
banco (m)	safsal	סַפְסָל (ז)
polícia (m)	∫oter	שׁוֹטֵר (ז)
polícia (instituição)	mi∫tara	מִשְׁטָרָה (נ)
mendigo, pedinte (m)	kabtsan	קַבְּצָן (ז)
desabrigado (m)	χasar 'bayit	חֲסַר בַּיִת (ז)

29. Instituições urbanas

loja (f)	χanut	חֲנוּת (נ)
drogaria (f)	beit mir'kaχat	בֵּית מִרְקַחַת (ז)
ótica (f)	χanut mi∫ka'fayim	חֲנוּת מִשְׁקָפַיִים (נ)
centro (m) comercial	kanyon	קַנְיוֹן (ז)
supermercado (m)	super'market	סוּפֶּרְמַרְקֶט (ז)
padaria (f)	ma'afiya	מַאֲפִיָּה (נ)
padeiro (m)	ofe	אוֹפֶה (ז)
pastelaria (f)	χanut mamtakim	חֲנוּת מַמְתַּקִים (נ)
mercearia (f)	ma'kolet	מַכּוֹלֶת (נ)
açougue (m)	itliz	אִטְלִיז (ז)
fruteira (f)	χanut perot viyerakot	חֲנוּת פֵּירוֹת וִירָקוֹת (נ)
mercado (m)	∫uk	שׁוּק (ז)
cafeteria (f)	beit kafe	בֵּית קָפֶה (ז)
restaurante (m)	mis'ada	מִסְעָדָה (נ)
bar (m)	pab	פָּאבּ (ז)
pizzaria (f)	pi'tseriya	פִּיצֵרְיָה (נ)
salão (m) de cabeleireiro	mispara	מִסְפָּרָה (נ)
agência (f) dos correios	'do'ar	דּוֹאַר (ז)
lavanderia (f)	nikui yave∫	נִיקוּי יָבֵשׁ (ז)
estúdio (m) fotográfico	'studyo letsilum	סְטוּדִיוֹ לְצִילוּם (ז)
sapataria (f)	χanut na'a'layim	חֲנוּת נַעֲלַיִים (נ)
livraria (f)	χanut sfarim	חֲנוּת סְפָרִים (נ)
loja (f) de artigos esportivos	χanut sport	חֲנוּת סְפּוֹרְט (נ)
costureira (m)	χanut tikun bgadim	חֲנוּת תִּיקוּן בְּגָדִים (נ)
aluguel (m) de roupa	χanut haskarat bgadim	חֲנוּת הַשְׂכָּרַת בְּגָדִים (נ)
videolocadora (f)	χanut ha∫alat sratim	חֲנוּת הַשְׁאָלַת סְרָטִים (נ)
circo (m)	kirkas	קִרְקָס (ז)
jardim (m) zoológico	gan hayot	גַּן חַיּוֹת (ז)
cinema (m)	kol'no'a	קוֹלְנוֹעַ (ז)
museu (m)	muze'on	מוּזֵיאוֹן (ז)

biblioteca (f)	sifriya	סִפְרִיָּה (נ)
teatro (m)	te'atron	תֵּיאַטְרוֹן (ז)
ópera (f)	beit 'opera	בֵּית אוֹפֶּרָה (ז)
boate (casa noturna)	mo'adon 'laila	מוֹעֲדוֹן לַיְלָה (ז)
cassino (m)	ka'zino	קָזִינוֹ (ז)

mesquita (f)	misgad	מִסְגָּד (ז)
sinagoga (f)	beit 'kneset	בֵּית כְּנֶסֶת (ז)
catedral (f)	kated'rala	קָתֶדְרָלָה (נ)
templo (m)	mikdaʃ	מִקְדָּשׁ (ז)
igreja (f)	knesiya	כְּנֵסִיָּה (נ)

faculdade (f)	mixlala	מִכְלָלָה (נ)
universidade (f)	uni'versita	אוּנִיבֶרְסִיטָה (נ)
escola (f)	beit 'sefer	בֵּית סֵפֶר (ז)

prefeitura (f)	maxoz	מָחוֹז (ז)
câmara (f) municipal	iriya	עִירִיָּה (נ)
hotel (m)	beit malon	בֵּית מָלוֹן (ז)
banco (m)	bank	בַּנְק (ז)

embaixada (f)	ʃagrirut	שַׁגְרִירוּת (נ)
agência (f) de viagens	soxnut nesi'ot	סוֹכְנוּת נְסִיעוֹת (נ)
agência (f) de informações	modi'in	מוֹדִיעִין (ז)
casa (f) de câmbio	misrad hamarat mat'be'a	מִשְׂרַד הֲמָרַת מַטְבֵּעַ (ז)

| metrô (m) | ra'kevet taxtit | רַכֶּבֶת תַּחְתִּית (נ) |
| hospital (m) | beit xolim | בֵּית חוֹלִים (ז) |

| posto (m) de gasolina | taxanat 'delek | תַּחֲנַת דֶּלֶק (נ) |
| parque (m) de estacionamento | migraʃ xanaya | מִגְרַשׁ חֲנָיָה (ז) |

30. Sinais

letreiro (m)	'ʃelet	שֶׁלֶט (ז)
aviso (m)	moda'a	מוֹדָעָה (נ)
cartaz, pôster (m)	'poster	פּוֹסְטֶר (ז)
placa (f) de direção	tamrur	תַּמְרוּר (ז)
seta (f)	xets	חֵץ (ז)

aviso (advertência)	azhara	אַזְהָרָה (נ)
sinal (m) de aviso	'ʃelet azhara	שֶׁלֶט אַזְהָרָה (ז)
avisar, advertir (vt)	lehazhir	לְהַזְהִיר

dia (m) de folga	yom 'xofeʃ	יוֹם חוֹפֶשׁ (ז)
horário (~ dos trens, etc.)	'luax zmanim	לוּחַ זְמַנִּים (ז)
horário (m)	ʃa'ot avoda	שָׁעוֹת עֲבוֹדָה (נ"ר)

BEM-VINDOS!	bruxim haba'im!	בְּרוּכִים הַבָּאִים!
ENTRADA	knisa	כְּנִיסָה
SAÍDA	yetsi'a	יְצִיאָה

| EMPURRE | dxof | דְּחוֹף |
| PUXE | mʃox | מְשׁוֹך |

ABERTO	pa'tuaχ	פָּתוּחַ
FECHADO	sagur	סָגוּר
MULHER	lenaʃim	לְנָשִׁים
HOMEM	legvarim	לִגְבָרִים
DESCONTOS	hanaχot	הַנָחוֹת
SALDOS, PROMOÇÃO	mivtsa	מִבְצָע
NOVIDADE!	χadaʃ!	חָדָשׁ!
GRÁTIS	χinam	חִינָם
ATENÇÃO!	sim lev!	שִׁים לֵב!
NÃO HÁ VAGAS	ein makom panui	אֵין מָקוֹם פָּנוּי
RESERVADO	ʃamur	שָׁמוּר
ADMINISTRAÇÃO	hanhala	הַנְהָלָה
SOMENTE PESSOAL AUTORIZADO	le'ovdim bilvad	לְעוֹבְדִים בִּלְבַד
CUIDADO CÃO FEROZ	zehirut 'kelev noʃeχ!	זְהִירוּת, כֶּלֶב נוֹשֵׁךְ!
PROIBIDO FUMAR!	asur le'aʃen!	אָסוּר לְעַשֵׁן!
NÃO TOCAR	lo lagaat!	לֹא לָגַעַת!
PERIGOSO	mesukan	מְסוּכָּן
PERIGO	sakana	סַכָּנָה
ALTA TENSÃO	'metaχ ga'voha	מֶתַח גָבוֹהַ
PROIBIDO NADAR	haraχatsa asura!	הָרַחֲצָה אֲסוּרָה!
COM DEFEITO	lo oved	לֹא עוֹבֵד
INFLAMÁVEL	dalik	דָלִיק
PROIBIDO	asur	אָסוּר
ENTRADA PROIBIDA	asur la'avor	אָסוּר לַעֲבוֹר
CUIDADO TINTA FRESCA	'tseva laχ	צֶבַע לַח

31. Compras

comprar (vt)	liknot	לִקְנוֹת
compra (f)	kniya	קְנִייָה (נ)
fazer compras	la'leχet lekniyot	לָלֶכֶת לִקְנִיּוֹת
compras (f pl)	ariχat kniyot	עֲרִיכַת קְנִיּוֹת (נ)
estar aberta (loja)	pa'tuaχ	פָּתוּחַ
estar fechada	sagur	סָגוּר
calçado (m)	na'a'layim	נַעֲלַיִים (נ"ר)
roupa (f)	bgadim	בְּגָדִים (ז"ר)
cosméticos (m pl)	tamrukim	תַמְרוּקִים (ז"ר)
alimentos (m pl)	mutsrei mazon	מוּצְרֵי מָזוֹן (ז"ר)
presente (m)	matana	מַתָנָה (נ)
vendedor (m)	moχer	מוֹכֵר (ז)
vendedora (f)	mo'χeret	מוֹכֶרֶת (נ)
caixa (f)	kupa	קוּפָּה (נ)
espelho (m)	mar'a	מַרְאָה (נ)

| balcão (m) | duχan | דּוּכָן (ז) |
| provador (m) | 'χeder halbaʃa | חֲדָר הַלְבָּשָׁה (ז) |

provar (vt)	limdod	לִמְדּוֹד
servir (roupa, caber)	lehat'im	לְהַתְאִים
gostar (apreciar)	limtso χen be'ei'nayim	לִמְצוֹא חֵן בְּעֵינַיִים

preço (m)	meχir	מְחִיר (ז)
etiqueta (f) de preço	tag meχir	תַג מְחִיר (ז)
custar (vt)	la'alot	לַעֲלוֹת
Quanto?	'kama?	כַּמָה?
desconto (m)	hanaχa	הֲנָחָה (נ)

não caro (adj)	lo yakar	לֹא יָקָר
barato (adj)	zol	זוֹל
caro (adj)	yakar	יָקָר
É caro	ze yakar	זֶה יָקָר

aluguel (m)	haskara	הַשׂכָּרָה (נ)
alugar (roupas, etc.)	liskor	לִשׂכּוֹר
crédito (m)	aʃrai	אַשׁרַאי (ז)
a crédito	be'aʃrai	בְּאַשׁרַאי

VESTUÁRIO & ACESSÓRIOS

32. Roupa exterior. Casacos

roupa (f)	bgadim	בְּגָדִים (ז"ר)
roupa (f) exterior	levuʃ elyon	לְבוּשׁ עֶלְיוֹן (ז)
roupa (f) de inverno	bigdei 'xoref	בִּגְדֵי חוֹרֶף (ז"ר)
sobretudo (m)	me'il	מְעִיל (ז)
casaco (m) de pele	me'il parva	מְעִיל פַּרְוָה (ז)
jaqueta (f) de pele	me'il parva katsar	מְעִיל פַּרְוָה קָצָר (ז)
casaco (m) acolchoado	me'il pux	מְעִיל פּוּךְ (ז)
casaco (m), jaqueta (f)	me'il katsar	מְעִיל קָצָר (ז)
impermeável (m)	me'il 'geʃem	מְעִיל גֶּשֶׁם (ז)
a prova d'água	amid be'mayim	עָמִיד בְּמַיִם

33. Vestuário de homem & mulher

camisa (f)	xultsa	חוּלְצָה (נ)
calça (f)	mixna'sayim	מִכְנָסַיִים (ז"ר)
jeans (m)	mixnesei 'dʒins	מִכְנְסֵי ג'ינְס (ז"ר)
paletó, terno (m)	ʒaket	זָ'קֵט (ז)
terno (m)	xalifa	חֲלִיפָה (נ)
vestido (ex. ~ de noiva)	simla	שִׂמְלָה (נ)
saia (f)	xatsa'it	חֲצָאִית (נ)
blusa (f)	xultsa	חוּלְצָה (נ)
casaco (m) de malha	ʒaket 'tsemer	זָ'קֵט צֶמֶר (ז)
casaco, blazer (m)	ʒaket	זָ'קֵט (ז)
camiseta (f)	ti ʃert	טִי שֶׁרְט (ז)
short (m)	mixna'sayim ktsarim	מִכְנָסַיִים קְצָרִים (ז"ר)
training (m)	'trening	טְרֶנִינְג (ז)
roupão (m) de banho	xaluk raxatsa	חָלוּק רַחְצָה (ז)
pijama (m)	pi'dʒama	פִּיגָ'מָה (נ)
suéter (m)	'sveder	סְוֶודֶר (ז)
pulôver (m)	afuda	אֲפוּדָה (נ)
colete (m)	vest	וֶסְט (ז)
fraque (m)	frak	פְרַאק (ז)
smoking (m)	tuk'sido	טוּקְסִידוֹ (ז)
uniforme (m)	madim	מַדִים (ז"ר)
roupa (f) de trabalho	bigdei avoda	בִּגְדֵי עֲבוֹדָה (ז"ר)
macacão (m)	sarbal	סַרְבָּל (ז)
jaleco (m), bata (f)	xaluk	חָלוּק (ז)

34. Vestuário. Roupa interior

roupa (f) íntima	levanim	לְבָנִים (ז"ר)
cueca boxer (f)	taxtonim	תַּחְתּוֹנִים (ז"ר)
calcinha (f)	taxtonim	תַּחְתּוֹנִים (ז"ר)
camiseta (f)	gufiya	גּוּפִיָּה (נ)
meias (f pl)	gar'bayim	גַּרְבַּיִם (ז"ר)
camisola (f)	'ktonet 'laila	כֻּתֹּנֶת לַיְלָה (נ)
sutiã (m)	xaziya	חֲזִיָּה (נ)
meias longas (f pl)	birkon	בִּרְכּוֹן (ז)
meias-calças (f pl)	garbonim	גַּרְבּוֹנִים (ז"ר)
meias (~ de nylon)	garbei 'nailon	גַּרְבֵּי נֵיילוֹן (ז"ר)
maiô (m)	'beged yam	בֶּגֶד יָם (ז)

35. Adereços de cabeça

chapéu (m), touca (f)	'kova	כּוֹבַע (ז)
chapéu (m) de feltro	'kova 'leved	כּוֹבַע לֶבֶד (ז)
boné (m) de beisebol	'kova 'beisbol	כּוֹבַע בֵּייסְבּוֹל (ז)
boina (~ italiana)	'kova mitsxiya	כּוֹבַע מְצַחִיָּה (ז)
boina (ex. ~ basca)	baret	בֶּרֶט (ז)
capuz (m)	bardas	בַּרְדָּס (ז)
chapéu panamá (m)	'kova 'tembel	כּוֹבַע טֶמְבֶּל (ז)
touca (f)	'kova 'gerev	כּוֹבַע גֶּרֶב (ז)
lenço (m)	mit'paxat	מִטְפַּחַת (נ)
chapéu (m) feminino	'kova	כּוֹבַע (ז)
capacete (m) de proteção	kasda	קַסְדָּה (נ)
bibico (m)	kumta	כּוּמְתָּה (נ)
capacete (m)	kasda	קַסְדָּה (נ)
chapéu-coco (m)	mig'ba‘at me'u'gelet	מִגְבַּעַת מְעוּגֶּלֶת (נ)
cartola (f)	tsi'linder	צִילִינְדֶּר (ז)

36. Calçado

calçado (m)	han‘ala	הַנְעָלָה (נ)
botinas (f pl), sapatos (m pl)	na‘a'layim	נַעֲלַיִים (נ"ר)
sapatos (de salto alto, etc.)	na‘a'layim	נַעֲלַיִים (נ"ר)
botas (f pl)	maga'fayim	מַגָּפַיִים (ז"ר)
pantufas (f pl)	na‘alei 'bayit	נַעֲלֵי בַּיִת (נ"ר)
tênis (~ Nike, etc.)	na‘alei sport	נַעֲלֵי סְפּוֹרְט (נ"ר)
tênis (~ Converse)	na‘alei sport	נַעֲלֵי סְפּוֹרְט (נ"ר)
sandálias (f pl)	sandalim	סַנְדָּלִים (ז"ר)
sapateiro (m)	sandlar	סַנְדְּלָר (ז)
salto (m)	akev	עָקֵב (ז)

43

par (m)	zug	זוּג (ז)
cadarço (m)	sroχ	שְׂרוֹךְ (ז)
amarrar os cadarços	lisroχ	לִשְׂרוֹךְ
calçadeira (f)	kaf na'a'layim	כַּף נַעֲלַיִים (נ)
graxa (f) para calçado	miʃχat na'a'layim	מִשְׁחַת נַעֲלַיִים (נ)

37. Acessórios pessoais

luva (f)	kfafot	כְּפָפוֹת (נ"ר)
mitenes (f pl)	kfafot	כְּפָפוֹת (נ"ר)
cachecol (m)	tsa'if	צָעִיף (ז)

óculos (m pl)	miʃka'fayim	מִשְׁקָפַיִים (ז"ר)
armação (f)	mis'geret	מִסְגֶּרֶת (נ)
guarda-chuva (m)	mitriya	מִטְרִיָּה (נ)
bengala (f)	makel haliχa	מַקֵּל הֲלִיכָה (ז)
escova (f) para o cabelo	miv'reʃet se'ar	מִבְרֶשֶׁת שֵׂיעָר (נ)
leque (m)	menifa	מְנִיפָה (נ)

gravata (f)	aniva	עֲנִיבָה (נ)
gravata-borboleta (f)	anivat parpar	עֲנִיבַת פַּרְפַּר (נ)
suspensórios (m pl)	ktefiyot	כְּתֵפִיּוֹת (נ"ר)
lenço (m)	mimχata	מִמְחָטָה (נ)

pente (m)	masrek	מַסְרֵק (ז)
fivela (f) para cabelo	sikat roʃ	סִיכַּת רֹאשׁ (נ)
grampo (m)	sikat se'ar	סִיכַּת שֵׂיעָר (נ)
fivela (f)	avzam	אַבְזָם (ז)

| cinto (m) | χagora | חֲגוֹרָה (נ) |
| alça (f) de ombro | retsu'at katef | רְצוּעַת כָּתֵף (נ) |

bolsa (f)	tik	תִּיק (ז)
bolsa (feminina)	tik	תִּיק (ז)
mochila (f)	tarmil	תַּרְמִיל (ז)

38. Vestuário. Diversos

moda (f)	ofna	אוֹפְנָה (נ)
na moda (adj)	ofnati	אוֹפְנָתִי
estilista (m)	me'atsev ofna	מְעַצֵּב אוֹפְנָה (ז)

colarinho (m)	tsavaron	צַוָּוארוֹן (ז)
bolso (m)	kis	כִּיס (ז)
de bolso	ʃel kis	שֶׁל כִּיס
manga (f)	ʃarvul	שַׁרווּל (ז)
ganchinho (m)	mitle	מִתְלֶה (ז)
bragueta (f)	χanut	חֲנוּת (נ)

zíper (m)	roχsan	רוֹכְסָן (ז)
colchete (m)	'keres	קֶרֶס (ז)
botão (m)	kaftor	כַּפְתּוֹר (ז)

botoeira (casa de botão)	lula'a	לוּלָאָה (נ)
soltar-se (vr)	lehitalef	לְהִיתָּלֵשׁ

costurar (vi)	litpor	לִתְפּוֹר
bordar (vt)	lirkom	לִרְקוֹם
bordado (m)	rikma	רִקְמָה (נ)
agulha (f)	'maχat tfira	מַחַט תְּפִירָה (נ)
fio, linha (f)	χut	חוּט (ז)
costura (f)	'tefer	תֶּפֶר (ז)

sujar-se (vr)	lehitlaχleχ	לְהִתְלַכְלֵךְ
mancha (f)	'ketem	כֶּתֶם (ז)
amarrotar-se (vr)	lehitkamet	לְהִתְקַמֵּט
rasgar (vt)	lik'ro'a	לִקְרוֹעַ
traça (f)	af	עָשׁ (ז)

39. Cuidados pessoais. Cosméticos

pasta (f) de dente	miʃχat ʃi'nayim	מִשְׁחַת שִׁינַּיִים (נ)
escova (f) de dente	miv'reʃet ʃi'nayim	מִבְרֶשֶׁת שִׁינַּיִים (נ)
escovar os dentes	letsaχ'tseaχ ʃi'nayim	לְצַחְצֵחַ שִׁינַּיִים

gilete (f)	'ta'ar	תַּעַר (ז)
creme (m) de barbear	'ketsef gi'luaχ	קֶצֶף גִּילוּחַ (ז)
barbear-se (vr)	lehitga'leaχ	לְהִתְגַּלֵּחַ

sabonete (m)	sabon	סַבּוֹן (ז)
xampu (m)	ʃampu	שַׁמְפּוּ (ז)

tesoura (f)	mispa'rayim	מִסְפָּרַיִים (ז"ר)
lixa (f) de unhas	ptsira	פְּצִירָה (נ)
corta-unhas (m)	gozez tsipor'nayim	גּוֹזֵז צִיפּוֹרְנַיִים (ז)
pinça (f)	pin'tseta	פִּינְצֶטָה (נ)

cosméticos (m pl)	tamrukim	תַּמְרוּקִים (ז"ר)
máscara (f)	maseχa	מַסֵּכָה (נ)
manicure (f)	manikur	מָנִיקוּר (ז)
fazer as unhas	la'asot manikur	לַעֲשׂוֹת מָנִיקוּר
pedicure (f)	pedikur	פֶּדִיקוּר (ז)

bolsa (f) de maquiagem	tik ipur	תִּיק אִיפּוּר (ז)
pó (de arroz)	'pudra	פּוּדְרָה (נ)
pó (m) compacto	pudriya	פּוּדְרִיָּיה (נ)
blush (m)	'somek	סוֹמֶק (ז)

perfume (m)	'bosem	בּוֹשֶׂם (ז)
água-de-colônia (f)	mei 'bosem	מֵי בּוֹשֶׂם (ז"ר)
loção (f)	mei panim	מֵי פָּנִים (ז"ר)
colônia (f)	mei 'bosem	מֵי בּוֹשֶׂם (ז"ר)

sombra (f) de olhos	tslalit	צְלָלִית (נ)
delineador (m)	ai 'lainer	אַי לַיינֶר (ז)
máscara (f), rímel (m)	'maskara	מַסְקָרָה (נ)
batom (m)	sfaton	שְׂפָתוֹן (ז)

esmalte (m)	'laka letsipor'nayim	לַכָּה לְצִיפּוֹרְנַיִים (נ)
laquê (m), spray fixador (m)	tarsis lese'ar	תַרְסִיס לְשֵׂיעָר (ז)
desodorante (m)	de'odo'rant	דֵּאוֹדוֹרַנְט (ז)

creme (m)	krem	קְרֶם (ז)
creme (m) de rosto	krem panim	קְרֶם פָּנִים (ז)
creme (m) de mãos	krem ya'dayim	קְרֶם יָדַיִים (ז)
creme (m) antirrugas	krem 'neged kmatim	קְרֶם נֶגֶד קְמָטִים (ז)
creme (m) de dia	krem yom	קְרֶם יוֹם (ז)
creme (m) de noite	krem 'laila	קְרֶם לַיְלָה (ז)
de dia	yomi	יוֹמִי
da noite	leili	לֵילִי

absorvente (m) interno	tampon	טַמְפּוֹן (ז)
papel (m) higiênico	neyar tu'alet	נְיָיר טוּאָלֶט (ז)
secador (m) de cabelo	meyabef se'ar	מְייַבֵּש שֵׂיעָר (ז)

40. Relógios de pulso. Relógios

relógio (m) de pulso	fe'on yad	שָׁעוֹן יָד (ז)
mostrador (m)	'luax fa'on	לוּחַ שָׁעוֹן (ז)
ponteiro (m)	maxog	מָחוֹג (ז)
bracelete (em aço)	tsamid	צָמִיד (ז)
bracelete (em couro)	retsu'a lefa'on	רְצוּעָה לְשָׁעוֹן (נ)

pilha (f)	solela	סוֹלְלָה (נ)
acabar (vi)	lehitroken	לְהִתְרוֹקֵן
trocar a pilha	lehaxlif	לְהַחְלִיף
estar adiantado	lemaher	לְמַהֵר
estar atrasado	lefager	לְפַגֵּר

relógio (m) de parede	fe'on kir	שָׁעוֹן קִיר (ז)
ampulheta (f)	fe'on xol	שָׁעוֹן חוֹל (ז)
relógio (m) de sol	fe'on 'femef	שָׁעוֹן שֶׁמֶש (ז)
despertador (m)	fa'on me'orer	שָׁעוֹן מְעוֹרֵר (ז)
relojoeiro (m)	fa'an	שָׁעָן (ז)
reparar (vt)	letaken	לְתַקֵן

EXPERIÊNCIA DO QUOTIDIANO

41. Dinheiro

Português	Transliteração	עברית
dinheiro (m)	'kesef	כֶּסֶף (ז)
câmbio (m)	hamara	הֲמָרָה (נ)
taxa (f) de câmbio	'ʃa'ar χalifin	שַׁעַר חֲלִיפִין (ז)
caixa (m) eletrônico	kaspomat	כַּסְפּוֹמָט (ז)
moeda (f)	mat'be'a	מַטְבֵּעַ (ז)
dólar (m)	'dolar	דּוֹלָר (ז)
euro (m)	'eiro	אֵירוֹ (ז)
lira (f)	'lira	לִירָה (נ)
marco (m)	mark germani	מַרְק גֶּרְמָנִי (ז)
franco (m)	frank	פְרַנק (ז)
libra (f) esterlina	'lira 'sterling	לִירָה שְׁטֶרְלִינג (נ)
iene (m)	yen	יֶן (ז)
dívida (f)	χov	חוֹב (ז)
devedor (m)	'ba'al χov	בַּעַל חוֹב (ז)
emprestar (vt)	lehalvot	לְהַלְווֹת
pedir emprestado	lilvot	לִלְווֹת
banco (m)	bank	בַּנק (ז)
conta (f)	χeʃbon	חֶשְׁבּוֹן (ז)
depositar (vt)	lehafkid	לְהַפְקִיד
depositar na conta	lehafkid leχeʃbon	לְהַפְקִיד לְחֶשְׁבּוֹן
sacar (vt)	limʃoχ meχeʃbon	לִמְשׁוֹך מֵחֶשְׁבּוֹן
cartão (m) de crédito	kartis aʃrai	כַּרְטִיס אַשְׁרַאי (ז)
dinheiro (m) vivo	mezuman	מְזוּמָן
cheque (m)	tʃek	צֶ׳ק (ז)
passar um cheque	liχtov tʃek	לִכְתּוֹב צֶ׳ק
talão (m) de cheques	pinkas 'tʃekim	פִּנקָס צֶ׳קִים (ז)
carteira (f)	arnak	אַרְנָק (ז)
niqueleira (f)	arnak lematbe''ot	אַרְנָק לְמַטְבְּעוֹת (ז)
cofre (m)	ka'sefet	כַּסֶּפֶת (נ)
herdeiro (m)	yoreʃ	יוֹרֵשׁ (ז)
herança (f)	yeruʃa	יְרוּשָׁה (נ)
fortuna (riqueza)	'oʃer	עוֹשֶׁר (ז)
arrendamento (m)	χoze sχirut	חוֹזֶה שְׂכִירוּת (ז)
aluguel (pagar o ~)	sχar dira	שְׂכַר דִּירָה (ז)
alugar (vt)	liskor	לִשְׂכּוֹר
preço (m)	meχir	מְחִיר (ז)
custo (m)	alut	עֲלוּת (נ)

soma (f)	sχum	סְכוּם (ז)
gastar (vt)	lehotsi	לְהוֹצִיא
gastos (m pl)	hotsa'ot	הוֹצָאוֹת (נ"ר)
economizar (vi)	laχasoχ	לַחֲסוֹךְ
econômico (adj)	χesχoni	חֶסְכוֹנִי

pagar (vt)	leʃalem	לְשַׁלֵם
pagamento (m)	taʃlum	תַּשְׁלוּם (ז)
troco (m)	'odef	עוֹדֶף (ז)

imposto (m)	mas	מַס (ז)
multa (f)	knas	קְנָס (ז)
multar (vt)	liknos	לִקְנוֹס

42. Correios. Serviço postal

agência (f) dos correios	'do'ar	דוֹאַר (ז)
correio (m)	'do'ar	דוֹאַר (ז)
carteiro (m)	davar	דַּוָּר (ז)
horário (m)	ʃa'ot avoda	שְׁעוֹת עֲבוֹדָה (נ"ר)

carta (f)	miχtav	מִכְתָּב (ז)
carta (f) registada	miχtav raʃum	מִכְתָּב רָשׁוּם (ז)
cartão (m) postal	gluya	גְּלוּיָה (נ)
telegrama (m)	mivrak	מִבְרָק (ז)
encomenda (f)	χavila	חֲבִילָה (נ)
transferência (f) de dinheiro	ha'avarat ksafim	הַעֲבָרַת כְּסָפִים (נ)

receber (vt)	lekabel	לְקַבֵּל
enviar (vt)	liʃ'loaχ	לִשְׁלוֹחַ
envio (m)	ʃliχa	שְׁלִיחָה (נ)
endereço (m)	'ktovet	כְּתוֹבֶת (נ)
código (m) postal	mikud	מִיקוּד (ז)
remetente (m)	ʃo'leaχ	שׁוֹלֵחַ (ז)
destinatário (m)	nim'an	נִמְעָן (ז)

nome (m)	ʃem prati	שֵׁם פְּרָטִי (ז)
sobrenome (m)	ʃem miʃpaχa	שֵׁם מִשְׁפָּחָה (ז)
tarifa (f)	ta'arif	תַּעֲרִיף (ז)
ordinário (adj)	ragil	רָגִיל
econômico (adj)	χesχoni	חֶסְכוֹנִי

peso (m)	miʃkal	מִשְׁקָל (ז)
pesar (estabelecer o peso)	liʃkol	לִשְׁקוֹל
envelope (m)	ma'atafa	מַעֲטָפָה (נ)
selo (m) postal	bul 'do'ar	בּוּל דּוֹאַר (ז)
colar o selo	lehadbik bul	לְהַדְבִּיק בּוּל

43. Banca

| banco (m) | bank | בַּנְק (ז) |
| balcão (f) | snif | סְנִיף (ז) |

consultor (m) bancário	yo'ets	יוֹעֵץ (ז)
gerente (m)	menahel	מְנַהֵל (ז)

conta (f)	χeʃbon	חֶשְׁבּוֹן (ז)
número (m) da conta	mispar χeʃbon	מִסְפַּר חֶשְׁבּוֹן (ז)
conta (f) corrente	χeʃbon over vaʃav	חֶשְׁבּוֹן עוֹבֵר וָשָׁב (ז)
conta (f) poupança	χeʃbon χisaχon	חֶשְׁבּוֹן חִסָּכוֹן (ז)

abrir uma conta	lif'toaχ χeʃbon	לִפְתוֹחַ חֶשְׁבּוֹן
fechar uma conta	lisgor χeʃbon	לִסְגוֹר חֶשְׁבּוֹן
depositar na conta	lehafkid leχeʃbon	לְהַפְקִיד לְחֶשְׁבּוֹן
sacar (vt)	limʃoχ meχeʃbon	לִמְשׁוֹךְ מֵחֶשְׁבּוֹן

depósito (m)	pikadon	פִּיקָדוֹן (ז)
fazer um depósito	lehafkid	לְהַפְקִיד
transferência (f) bancária	ha'avara banka'it	הַעֲבָרָה בַּנְקָאִית (נ)
transferir (vt)	leha'avir 'kesef	לְהַעֲבִיר כֶּסֶף

soma (f)	sχum	סְכוּם (ז)
Quanto?	'kama?	כַּמָּה?

assinatura (f)	χatima	חָתִימָה (נ)
assinar (vt)	laχtom	לַחְתּוֹם

cartão (m) de crédito	kartis aʃrai	כַּרְטִיס אַשְׁרַאי (ז)
senha (f)	kod	קוֹד (ז)
número (m) do cartão de crédito	mispar kartis aʃrai	מִסְפַּר כַּרְטִיס אַשְׁרַאי (ז)
caixa (m) eletrônico	kaspomat	כַּסְפּוֹמָט (ז)

cheque (m)	tʃek	צֶ'ק (ז)
passar um cheque	liχtov tʃek	לִכְתּוֹב צֶ'ק
talão (m) de cheques	pinkas 'tʃekim	פִּנְקַס צֶ'קִים (ז)

empréstimo (m)	halva'a	הַלְוָאָה (נ)
pedir um empréstimo	levakeʃ halva'a	לְבַקֵּשׁ הַלְוָאָה
obter empréstimo	lekabel halva'a	לְקַבֵּל הַלְוָאָה
dar um empréstimo	lehalvot	לְהַלְווֹת
garantia (f)	arvut	עַרְבוּת (נ)

44. Telefone. Conversação telefônica

telefone (m)	'telefon	טֶלֶפוֹן (ז)
celular (m)	'telefon nayad	טֶלֶפוֹן נַיָּיד (ז)
secretária (f) eletrônica	meʃivon	מְשִׁיבוֹן (ז)

fazer uma chamada	letsaltsel	לְצַלְצֵל
chamada (f)	siχat 'telefon	שִׂיחַת טֶלֶפוֹן (נ)

discar um número	leχayeg mispar	לְחַיֵּיג מִסְפָּר
Alô!	'halo!	הָלוֹ!
perguntar (vt)	liʃ'ol	לִשְׁאוֹל
responder (vt)	la'anot	לַעֲנוֹת
ouvir (vt)	liʃ'mo'a	לִשְׁמוֹעַ

bem	tov	טוֹב
mal	lo tov	לֹא טוֹב
ruído (m)	hafra'ot	הַפְרָעוֹת (נ״ר)

fone (m)	ʃfo'feret	שְׁפוֹפֶרֶת (נ)
pegar o telefone	leharim ʃfo'feret	לְהָרִים שְׁפוֹפֶרֶת
desligar (vi)	leha'niaχ ʃfo'feret	לְהָנִיחַ שְׁפוֹפֶרֶת

ocupado (adj)	tafus	תָּפוּס
tocar (vi)	leʦalʦel	לְצַלְצֵל
lista (f) telefônica	'sefer tele'fonim	סֵפֶר טֶלֶפוֹנִים (ז)

local (adj)	mekomi	מְקוֹמִי
chamada (f) local	siχa mekomit	שִׂיחָה מְקוֹמִית (נ)
de longa distância	bein ironi	בֵּין עִירוֹנִי
chamada (f) de longa distância	siχa bein ironit	שִׂיחָה בֵּין עִירוֹנִית (נ)
internacional (adj)	benle'umi	בֵּינלְאוּמִי
chamada (f) internacional	siχa benle'umit	שִׂיחָה בֵּינלְאוּמִית (נ)

45. Telefone móvel

celular (m)	'telefon nayad	טֶלֶפוֹן נַיָּיד (ז)
tela (f)	masaχ	מָסָךְ (ז)
botão (m)	kaftor	כַּפְתּוֹר (ז)
cartão SIM (m)	kartis sim	כַּרְטִיס סִים (ז)

bateria (f)	solela	סוֹלְלָה (נ)
descarregar-se (vr)	lehitroken	לְהִתְרוֹקֵן
carregador (m)	mit'an	מִטְעָן (ז)

menu (m)	tafrit	תַּפְרִיט (ז)
configurações (f pl)	hagdarot	הַגְדָּרוֹת (נ״ר)
melodia (f)	mangina	מַנְגִּינָה (נ)
escolher (vt)	livχor	לִבְחוֹר

calculadora (f)	maχʃevon	מַחְשְׁבוֹן (ז)
correio (m) de voz	ta koli	תָּא קוֹלִי (ז)
despertador (m)	ʃa'on me'orer	שָׁעוֹן מְעוֹרֵר (ז)
contatos (m pl)	anʃei 'keʃer	אַנְשֵׁי קֶשֶׁר (ז״ר)

| mensagem (f) de texto | misron | מִסְרוֹן (ז) |
| assinante (m) | manui | מָנוּי (ז) |

46. Estacionário

caneta (f)	et kaduri	עֵט כַּדּוּרִי (ז)
caneta (f) tinteiro	et no've'a	עֵט נוֹבֵעַ (ז)

lápis (m)	iparon	עִיפָּרוֹן (ז)
marcador (m) de texto	'marker	מַרְקֵר (ז)
caneta (f) hidrográfica	tuʃ	טוּשׁ (ז)

bloco (m) de notas	pinkas	פִּנְקָס (ז)
agenda (f)	yoman	יוֹמָן (ז)

régua (f)	sargel	סַרְגֵּל (ז)
calculadora (f)	maxʃevon	מַחְשְׁבוֹן (ז)
borracha (f)	'maxak	מָחַק (ז)
alfinete (m)	'naʿats	נַעַץ (ז)
clipe (m)	mehadek	מְהַדֵּק (ז)

cola (f)	'devek	דֶּבֶק (ז)
grampeador (m)	ʃadxan	שַׁדְכָן (ז)
furador (m) de papel	menakev	מְנַקֵּב (ז)
apontador (m)	maxded	מַחְדֵּד (ז)

47. Línguas estrangeiras

língua (f)	safa	שָׂפָה (נ)
estrangeiro (adj)	zar	זָר
língua (f) estrangeira	safa zara	שָׂפָה זָרָה (נ)
estudar (vt)	lilmod	לִלְמֹד
aprender (vt)	lilmod	לִלְמֹד

ler (vt)	likro	לִקְרֹא
falar (vi)	ledaber	לְדַבֵּר
entender (vt)	lehavin	לְהָבִין
escrever (vt)	lixtov	לִכְתֹּב

rapidamente	maher	מַהֵר
devagar, lentamente	le'at	לְאַט
fluentemente	xofʃi	חוֹפְשִׁי

regras (f pl)	klalim	כְּלָלִים (ז״ר)
gramática (f)	dikduk	דִּקְדּוּק (ז)
vocabulário (m)	otsar milim	אוֹצַר מִילִים (ז)
fonética (f)	torat ha'hege	תּוֹרַת הַהֶגֶה (נ)

livro (m) didático	'sefer limud	סֵפֶר לִימּוּד (ז)
dicionário (m)	milon	מִילוֹן (ז)
manual (m) autodidático	'sefer lelimud atsmi	סֵפֶר לְלִימּוּד עַצְמִי (ז)
guia (m) de conversação	sixon	שִׂיחוֹן (ז)

fita (f) cassete	ka'letet	קַלֶּטֶת (נ)
videoteipe (m)	ka'letet 'vide'o	קַלֶּטֶת וִידֵיאוֹ (נ)
CD (m)	taklitor	תַּקְלִיטוֹר (ז)
DVD (m)	di vi di	דִּי. וִי. דִּי. (ז)

alfabeto (m)	alefbeit	אָלֶפְבֵּית (ז)
soletrar (vt)	le'ayet	לְאַיֵּת
pronúncia (f)	hagiya	הֲגִיָּה (נ)

sotaque (m)	mivta	מִבְטָא (ז)
com sotaque	im mivta	עִם מִבְטָא
sem sotaque	bli mivta	בְּלִי מִבְטָא
palavra (f)	mila	מִילָה (נ)

sentido (m)	maʃmaʻut	מַשְׁמָעוּת (נ)
curso (m)	kurs	קוּרְס (ז)
inscrever-se (vr)	leheraʃem lekurs	לְהֵירָשֵׁם לְקוּרְס
professor (m)	more	מוֹרֶה (ז)

tradução (processo)	tirgum	תַרְגוּם (ז)
tradução (texto)	tirgum	תַרְגוּם (ז)
tradutor (m)	metargem	מְתַרְגֵם (ז)
intérprete (m)	meturgeman	מְתוּרְגְמָן (ז)

| poliglota (m) | poliglot | פּוֹלִיגְלוֹט (ז) |
| memória (f) | zikaron | זִיכָּרוֹן (ז) |

REFEIÇÕES. RESTAURANTE

48. Por a mesa

colher (f)	kaf	כַּף (ז)
faca (f)	sakin	סַכִּין (ז, נ)
garfo (m)	mazleg	מַזְלֵג (ז)
xícara (f)	'sefel	סֵפֶל (ז)
prato (m)	tsa'laχat	צַלַּחַת (נ)
pires (m)	taχtit	תַּחְתִּית (נ)
guardanapo (m)	mapit	מַפִּית (נ)
palito (m)	keisam ʃi'nayim	קֵיסָם שִׁנַּיִים (ז)

49. Restaurante

restaurante (m)	mis'ada	מִסְעָדָה (נ)
cafeteria (f)	beit kafe	בֵּית קָפֶה (ז)
bar (m), cervejaria (f)	bar, pab	בָּר, פָּאב (ז)
salão (m) de chá	beit te	בֵּית תֵּה (ז)
garçom (m)	meltsar	מֶלְצָר (ז)
garçonete (f)	meltsarit	מֶלְצָרִית (נ)
barman (m)	'barmen	בַּרְמֶן (ז)
cardápio (m)	tafrit	תַּפְרִיט (ז)
lista (f) de vinhos	reʃimat yeynot	רְשִׁימַת יֵינוֹת (נ)
reservar uma mesa	lehazmin ʃulχan	לְהַזְמִין שׁוּלְחָן
prato (m)	mana	מָנָה (נ)
pedir (vt)	lehazmin	לְהַזְמִין
fazer o pedido	lehazmin	לְהַזְמִין
aperitivo (m)	maʃke meta'aven	מַשְׁקֶה מְתַאֲבֵן (ז)
entrada (f)	meta'aven	מְתַאֲבֵן (ז)
sobremesa (f)	ki'nuaχ	קִינוּחַ (ז)
conta (f)	χeʃbon	חֶשְׁבּוֹן (ז)
pagar a conta	leʃalem	לְשַׁלֵּם
dar o troco	latet 'odef	לָתֵת עוֹדֶף
gorjeta (f)	tip	טִיפּ (ז)

50. Refeições

comida (f)	'oχel	אוֹכֶל (ז)
comer (vt)	le'eχol	לֶאֱכוֹל

café (m) da manhã	aruxat 'boker	אֲרוּחַת בּוֹקֶר (נ)
tomar café da manhã	le'exol aruxat 'boker	לֶאֱכוֹל אֲרוּחַת בּוֹקֶר
almoço (m)	aruxat tsaha'rayim	אֲרוּחַת צָהֳרַיִים (נ)
almoçar (vi)	le'exol aruxat tsaha'rayim	לֶאֱכוֹל אֲרוּחַת צָהֳרַיִים
jantar (m)	aruxat 'erev	אֲרוּחַת עֶרֶב (נ)
jantar (vi)	le'exol aruxat 'erev	לֶאֱכוֹל אֲרוּחַת עֶרֶב

| apetite (m) | te'avon | תִּיאָבוֹן (ז) |
| Bom apetite! | betei'avon! | בְּתִיאָבוֹן! |

abrir (~ uma lata, etc.)	lif'toax	לִפְתּוֹחַ
derramar (~ líquido)	liʃpox	לִשְׁפּוֹךְ
derramar-se (vr)	lehiʃapex	לְהִישָׁפֵךְ

ferver (vi)	lir'toax	לִרְתּוֹחַ
ferver (vt)	lehar'tiax	לְהַרְתִּיחַ
fervido (adj)	ra'tuax	רָתוּחַ
esfriar (vt)	lekarer	לְקָרֵר
esfriar-se (vr)	lehitkarer	לְהִתְקָרֵר

| sabor, gosto (m) | 'ta'am | טַעַם (ז) |
| fim (m) de boca | 'ta'am levai | טַעַם לְוַואי (ז) |

emagrecer (vi)	lirzot	לִרְזוֹת
dieta (f)	di''eta	דִּיאֶטָה (נ)
vitamina (f)	vitamin	וִיטָמִין (ז)
caloria (f)	ka'lorya	קָלוֹרְיָה (נ)
vegetariano (m)	tsimxoni	צִמְחוֹנִי (ז)
vegetariano (adj)	tsimxoni	צִמְחוֹנִי

gorduras (f pl)	ʃumanim	שׁוּמָנִים (ז"ר)
proteínas (f pl)	xelbonim	חֶלְבּוֹנִים (ז"ר)
carboidratos (m pl)	paxmema	פַּחְמֵימָה (נ)
fatia (~ de limão, etc.)	prusa	פְּרוּסָה (נ)
pedaço (~ de bolo)	xatixa	חֲתִיכָה (נ)
migalha (f), farelo (m)	perur	פֵּירוּר (ז)

51. Pratos cozinhados

prato (m)	mana	מָנָה (נ)
cozinha (~ portuguesa)	mitbax	מִטְבָּח (ז)
receita (f)	matkon	מַתְכּוֹן (ז)
porção (f)	mana	מָנָה (נ)

| salada (f) | salat | סָלָט (ז) |
| sopa (f) | marak | מָרָק (ז) |

caldo (m)	marak tsax, tsir	מָרָק צַח, צִיר (ז)
sanduíche (m)	karix	כָּרִיךְ (ז)
ovos (m pl) fritos	beitsat ain	בֵּיצַת עַיִן (נ)

hambúrguer (m)	'hamburger	הַמְבּוּרְגֶר (ז)
bife (m)	umtsa, steik	אוּמְצָה (נ), סְטֵייק (ז)
acompanhamento (m)	to'sefet	תּוֹסֶפֶת (נ)

espaguete (m)	spa'geti	סְפָּגֶטִי (ז)
purê (m) de batata	meχit tapuχei adama	מְחִית תַּפּוּחֵי אֲדָמָה (נ)
pizza (f)	'piʦa	פִּיצָה (נ)
mingau (m)	daysa	דַּייסָה (נ)
omelete (f)	χavita	חֲבִיתָה (נ)

fervido (adj)	mevuʃal	מְבוּשָׁל
defumado (adj)	me'uʃan	מְעוּשָׁן
frito (adj)	metugan	מְטוּגָּן
seco (adj)	meyubaʃ	מְיוּבָּשׁ
congelado (adj)	kafu	קָפוּא
em conserva (adj)	kavuʃ	כָּבוּשׁ

doce (adj)	matok	מָתוֹק
salgado (adj)	ma'luaχ	מָלוּחַ
frio (adj)	kar	קַר
quente (adj)	χam	חַם
amargo (adj)	marir	מָרִיר
gostoso (adj)	ta'im	טָעִים

cozinhar em água fervente	levaʃel be'mayim rotχim	לְבַשֵׁל בְּמַיִם רוֹתְחִים
preparar (vt)	levaʃel	לְבַשֵׁל
fritar (vt)	letagen	לְטַגֵּן
aquecer (vt)	leχamem	לְחַמֵּם

salgar (vt)	leham'liaχ	לְהַמְלִיחַ
apimentar (vt)	lefalpel	לְפַלְפֵּל
ralar (vt)	lerasek	לְרַסֵּק
casca (f)	klipa	קְלִיפָּה (נ)
descascar (vt)	lekalef	לְקַלֵּף

52. Comida

carne (f)	basar	בָּשָׂר (ז)
galinha (f)	of	עוֹף (ז)
frango (m)	pargit	פַּרְגִּית (נ)
pato (m)	barvaz	בַּרְווָז (ז)
ganso (m)	avaz	אַווָז (ז)
caça (f)	'ʦayid	צַיִד (ז)
peru (m)	'hodu	הוֹדוּ (ז)

carne (f) de porco	basar χazir	בָּשָׂר חֲזִיר (ז)
carne (f) de vitela	basar 'egel	בָּשָׂר עֵגֶל (ז)
carne (f) de carneiro	basar 'keves	בָּשָׂר כֶּבֶשׂ (ז)
carne (f) de vaca	bakar	בָּקָר (ז)
carne (f) de coelho	arnav	אַרְנָב (ז)

linguiça (f), salsichão (m)	naknik	נַקְנִיק (ז)
salsicha (f)	naknikiya	נַקְנִיקִייָה (נ)
bacon (m)	'kotel χazir	קוֹתֶל חֲזִיר (ז)
presunto (m)	basar χazir me'uʃan	בָּשָׂר חֲזִיר מְעוּשָׁן (ז)
pernil (m) de porco	'kotel χazir me'uʃan	קוֹתֶל חֲזִיר מְעוּשָׁן (ז)
patê (m)	pate	פָּטֶה (ז)
fígado (m)	kaved	כָּבֵד (ז)

guisado (m)	basar taχun	בָּשָׂר טָחוּן (ז)
língua (f)	laʃon	לָשׁוֹן (נ)

ovo (m)	beitsa	בֵּיצָה (נ)
ovos (m pl)	beitsim	בֵּיצִים (נ"ר)
clara (f) de ovo	χelbon	חֶלְבּוֹן (ז)
gema (f) de ovo	χelmon	חֶלְמוֹן (ז)

peixe (m)	dag	דָג (ז)
mariscos (m pl)	perot yam	פֵּירוֹת יָם (ז"ר)
crustáceos (m pl)	sartana'im	סַרְטָנָאִים (ז"ר)
caviar (m)	kavyar	קָוְויָאר (ז)

caranguejo (m)	sartan yam	סַרְטָן יָם (ז)
camarão (m)	ʃrimps	שְׁרִימְפְּס (ז"ר)
ostra (f)	tsidpat ma'aχal	צִדְפַּת מַאֲכָל (נ)
lagosta (f)	'lobster kotsani	לוֹבְּסְטֶר קוֹצָנִי (ז)
polvo (m)	tamnun	תַּמְנוּן (ז)
lula (f)	kala'mari	קָלָמָארִי (ז)

esturjão (m)	basar haχidkan	בָּשָׂר הֶחַדְקָן (ז)
salmão (m)	'salmon	סַלְמוֹן (ז)
halibute (m)	putit	פּוּטִית (נ)

bacalhau (m)	ʃibut	שִׁיבּוּט (ז)
cavala, sarda (f)	kolyas	קוֹלְיָיס (ז)
atum (m)	'tuna	טוּנָה (נ)
enguia (f)	tslofaχ	צְלוֹפַח (ז)

truta (f)	forel	פּוֹרֵל (ז)
sardinha (f)	sardin	סַרְדִין (ז)
lúcio (m)	ze'ev 'mayim	זְאֵב מַיִם (ז)
arenque (m)	ma'liaχ	מָלִיחַ (ז)

pão (m)	'leχem	לֶחֶם (ז)
queijo (m)	gvina	גְבִינָה (נ)
açúcar (m)	sukar	סוּכָּר (ז)
sal (m)	'melaχ	מֶלַח (ז)

arroz (m)	'orez	אוֹרֶז (ז)
massas (f pl)	'pasta	פַּסְטָה (נ)
talharim, miojo (m)	irtiyot	אִטְרִיּוֹת (נ"ר)

manteiga (f)	χem'a	חֶמְאָה (נ)
óleo (m) vegetal	'ʃemen tsimχi	שֶׁמֶן צִמְחִי (ז)
óleo (m) de girassol	'ʃemen χamaniyot	שֶׁמֶן חַמָּנִיּוֹת (ז)
margarina (f)	marga'rina	מַרְגָרִינָה (נ)

azeitonas (f pl)	zeitim	זֵיתִים (ז"ר)
azeite (m)	'ʃemen 'zayit	שֶׁמֶן זַיִת (ז)

leite (m)	χalav	חָלָב (ז)
leite (m) condensado	χalav merukaz	חָלָב מְרוּכָּז (ז)
iogurte (m)	'yogurt	יוֹגוּרְט (ז)
creme (m) azedo	ʃa'menet	שַׁמֶּנֶת (נ)
creme (m) de leite	ʃa'menet	שַׁמֶּנֶת (נ)

| maionese (f) | mayonez | מָיוֹנֵז (ז) |
| creme (m) | ka'tsefet xem'a | קַצֶּפֶת חֶמְאָה (נ) |

grãos (m pl) de cereais	grisim	גְרִיסִים (ז"ר)
farinha (f)	'kemax	קֶמַח (ז)
enlatados (m pl)	ʃimurim	שִׁימוּרִים (ז"ר)

flocos (m pl) de milho	ptitei 'tiras	פְּתִיתֵי תִּירָס (ז"ר)
mel (m)	dvaʃ	דְּבַשׁ (ז)
geleia (m)	riba	רִיבָּה (נ)
chiclete (m)	'mastik	מַסְטִיק (ז)

53. Bebidas

água (f)	'mayim	מַיִם (ז"ר)
água (f) potável	mei ʃtiya	מֵי שְׁתִיָיה (ז"ר)
água (f) mineral	'mayim mine'raliyim	מַיִם מִינֵרָלִיִּים (ז"ר)

sem gás (adj)	lo mugaz	לֹא מוּגָז
gaseificada (adj)	mugaz	מוּגָז
com gás	mugaz	מוּגָז
gelo (m)	'kerax	קֶרַח (ז)
com gelo	im 'kerax	עִם קֶרַח

não alcoólico (adj)	natul alkohol	נָטוּל אַלְכּוֹהוֹל
refrigerante (m)	maʃke kal	מַשְׁקֶה קַל (ז)
refresco (m)	maʃke mera'anen	מַשְׁקֶה מְרַעֲנֵן (ז)
limonada (f)	limo'nada	לִימוֹנָדָה (נ)

bebidas (f pl) alcoólicas	maʃka'ot xarifim	מַשְׁקָאוֹת חָרִיפִים (ז"ר)
vinho (m)	'yayin	יַיִן (ז)
vinho (m) branco	'yayin lavan	יַיִן לָבָן (ז)
vinho (m) tinto	'yayin adom	יַיִן אָדוֹם (ז)

licor (m)	liker	לִיקֵר (ז)
champanhe (m)	ʃam'panya	שַׁמְפַּנְיָה (נ)
vermute (m)	'vermut	וֶרְמוּט (ז)

uísque (m)	'viski	וִיסְקִי (ז)
vodca (f)	'vodka	וֹדְקָה (נ)
gim (m)	dʒin	גִ'ין (ז)
conhaque (m)	'konyak	קוֹנְיָאק (ז)
rum (m)	rom	רוֹם (ז)

café (m)	kafe	קָפֶה (ז)
café (m) preto	kafe ʃaxor	קָפֶה שָׁחוֹר (ז)
café (m) com leite	kafe hafux	קָפֶה הָפוּךְ (ז)
cappuccino (m)	kapu'tʃino	קָפּוּצִ'ינוֹ (ז)
café (m) solúvel	kafe names	קָפֶה נָמֵס (ז)

leite (m)	xalav	חָלָב (ז)
coquetel (m)	kokteil	קוֹקְטֵיל (ז)
batida (f), milkshake (m)	'milkʃeik	מִילְקְשֵׁייק (ז)
suco (m)	mits	מִיץ (ז)

suco (m) de tomate	mits agvaniyot	מִיץ עַגְבָנִיּוֹת (ז)
suco (m) de laranja	mits tapuzim	מִיץ תַּפּוּזִים (ז)
suco (m) fresco	mits saχut	מִיץ סָחוּט (ז)

cerveja (f)	'bira	בִּירָה (נ)
cerveja (f) clara	'bira bahira	בִּירָה בְּהִירָה (נ)
cerveja (f) preta	'bira keha	בִּירָה כֵּהָה (נ)

chá (m)	te	תֵּה (ז)
chá (m) preto	te ʃaχor	תֵּה שָׁחוֹר (ז)
chá (m) verde	te yarok	תֵּה יָרוֹק (ז)

54. Vegetais

| vegetais (m pl) | yerakot | יְרָקוֹת (ז"ר) |
| verdura (f) | 'yerek | יָרָק (ז) |

tomate (m)	agvaniya	עַגְבָנִיָּה (נ)
pepino (m)	melafefon	מְלָפְפוֹן (ז)
cenoura (f)	'gezer	גֶּזֶר (ז)
batata (f)	ta'puaχ adama	תַּפּוּחַ אֲדָמָה (ז)
cebola (f)	batsal	בָּצָל (ז)
alho (m)	ʃum	שׁוּם (ז)

| couve (f) | kruv | כְּרוּב (ז) |
| couve-flor (f) | kruvit | כְּרוּבִית (נ) |

| couve-de-bruxelas (f) | kruv nitsanim | כְּרוּב נִצָּנִים (ז) |
| brócolis (m pl) | 'brokoli | בְּרוֹקוֹלִי (ז) |

beterraba (f)	'selek	סֶלֶק (ז)
berinjela (f)	χatsil	חָצִיל (ז)
abobrinha (f)	kiʃu	קִישׁוּא (ז)

| abóbora (f) | 'dla'at | דְּלַעַת (נ) |
| nabo (m) | 'lefet | לֶפֶת (נ) |

salsa (f)	petro'zilya	פֶּטְרוֹזִילְיָה (נ)
endro, aneto (m)	ʃamir	שָׁמִיר (ז)
alface (f)	'χasa	חַסָּה (נ)
aipo (m)	'seleri	סֶלֶרִי (ז)

| aspargo (m) | aspa'ragos | אַסְפָּרָגוֹס (ז) |
| espinafre (m) | 'tered | תֶּרֶד (ז) |

| ervilha (f) | afuna | אֲפוּנָה (נ) |
| feijão (~ soja, etc.) | pol | פּוֹל (ז) |

| milho (m) | 'tiras | תִּירָס (ז) |
| feijão (m) roxo | ʃu'it | שְׁעוּעִית (נ) |

pimentão (m)	'pilpel	פִּלְפֵּל (ז)
rabanete (m)	tsnonit	צְנוֹנִית (נ)
alcachofra (f)	artiʃok	אַרְטִישׁוֹק (ז)

55. Frutos. Nozes

fruta (f)	pri	פְּרִי (ז)
maçã (f)	ta'puax	תַּפּוּחַ (ז)
pera (f)	agas	אַגָּס (ז)
limão (m)	limon	לִימוֹן (ז)
laranja (f)	tapuz	תַּפּוּז (ז)
morango (m)	tut sade	תּוּת שָׂדֶה (ז)
tangerina (f)	klemen'tina	קְלֶמֶנְטִינָה (נ)
ameixa (f)	ʃezif	שְׁזִיף (ז)
pêssego (m)	afarsek	אֲפַרְסֵק (ז)
damasco (m)	'miʃmeʃ	מִשְׁמֵשׁ (ז)
framboesa (f)	'petel	פֶּטֶל (ז)
abacaxi (m)	'ananas	אֲנָנָס (ז)
banana (f)	ba'nana	בַּנָנָה (נ)
melancia (f)	ava'tiax	אֲבַטִּיחַ (ז)
uva (f)	anavim	עֲנָבִים (ז"ר)
ginja (f)	duvdevan	דּוּבְדְּבָן (ז)
cereja (f)	gudgedan	גּוּדְגְּדָן (ז)
melão (m)	melon	מֶלוֹן (ז)
toranja (f)	eʃkolit	אֶשְׁכּוֹלִית (נ)
abacate (m)	avo'kado	אָבוֹקָדוֹ (ז)
mamão (m)	pa'paya	פַּפָּאיָה (נ)
manga (f)	'mango	מַנְגוֹ (ז)
romã (f)	rimon	רִימוֹן (ז)
groselha (f) vermelha	dumdemanit aduma	דּוּמְדְּמָנִית אֲדוּמָה (נ)
groselha (f) negra	dumdemanit ʃxora	דּוּמְדְּמָנִית שְׁחוֹרָה (נ)
groselha (f) espinhosa	xazarzar	חֲזַרְזָר (ז)
mirtilo (m)	uxmanit	אוּכְמָנִית (נ)
amora (f) silvestre	'petel ʃaxor	פֶּטֶל שָׁחוֹר (ז)
passa (f)	tsimukim	צִימוּקִים (ז"ר)
figo (m)	te'ena	תְּאֵנָה (נ)
tâmara (f)	tamar	תָּמָר (ז)
amendoim (m)	botnim	בֹּטְנִים (ז"ר)
amêndoa (f)	ʃaked	שָׁקֵד (ז)
noz (f)	egoz 'melex	אֱגוֹז מֶלֶךְ (ז)
avelã (f)	egoz ilsar	אֱגוֹז אִלְסָר (ז)
coco (m)	'kokus	קוֹקוּס (ז)
pistaches (m pl)	'fistuk	פִּיסְטוּק (ז)

56. Pão. Bolaria

pastelaria (f)	muʦrei kondi'torya	מוּצְרֵי קוֹנְדִּיטוֹרִיָה (ז"ר)
pão (m)	'lexem	לֶחֶם (ז)
biscoito (m), bolacha (f)	ugiya	עוּגִיָּה (נ)
chocolate (m)	'ʃokolad	שׁוֹקוֹלָד (ז)
de chocolate	mi'ʃokolad	מְשׁוֹקוֹלָד

bala (f)	sukariya	סוּכָּרִיָּה (נ)
doce (bolo pequeno)	uga	עוּגָּה (נ)
bolo (m) de aniversário	uga	עוּגָּה (נ)
torta (f)	pai	פַּאי (ז)
recheio (m)	milui	מִילוּי (ז)
geleia (m)	riba	רִיבָּה (נ)
marmelada (f)	marme'lada	מַרְמְלָדָה (נ)
wafers (m pl)	'vaflim	וָפְלִים (ז"ר)
sorvete (m)	'glida	גְלִידָה (נ)
pudim (m)	'puding	פּוּדִינג (ז)

57. Especiarias

sal (m)	'melax	מֶלַח (ז)
salgado (adj)	ma'luax	מָלוּחַ
salgar (vt)	leham'liax	לְהַמְלִיחַ
pimenta-do-reino (f)	'pilpel ʃaxor	פִּלְפֵּל שָׁחוֹר (ז)
pimenta (f) vermelha	'pilpel adom	פִּלְפֵּל אָדוֹם (ז)
mostarda (f)	xardal	חַרְדָּל (ז)
raiz-forte (f)	xa'zeret	חֲזֶרֶת (נ)
condimento (m)	'rotev	רוֹטֶב (ז)
especiaria (f)	tavlin	תַבְלִין (ז)
molho (~ inglês)	'rotev	רוֹטֶב (ז)
vinagre (m)	'xomets	חוֹמֶץ (ז)
anis estrelado (m)	kamnon	כַּמְנוֹן (ז)
manjericão (m)	rexan	רֵיחָן (ז)
cravo (m)	tsi'poren	צִיפּוֹרֶן (ז)
gengibre (m)	'dʒindʒer	ג'ינג'ר (ז)
coentro (m)	'kusbara	כּוּסְבָּרָה (נ)
canela (f)	kinamon	קִינָמוֹן (ז)
gergelim (m)	'ʃumʃum	שׁוּמְשׁוּם (ז)
folha (f) de louro	ale dafna	עֲלֵה דַפְנָה (ז)
páprica (f)	'paprika	פַּפְרִיקָה (נ)
cominho (m)	'kimel	קִימֶל (ז)
açafrão (m)	ze'afran	זַעְפְרָן (ז)

INFORMAÇÃO PESSOAL. FAMÍLIA

58. Informação pessoal. Formulários

nome (m)	ʃem	שֵׁם (ז)
sobrenome (m)	ʃem miʃpaχa	שֵׁם מִשְׁפָּחָה (ז)
data (f) de nascimento	ta'ariχ leda	תַּאֲרִיךְ לֵידָה (ז)
local (m) de nascimento	mekom leda	מְקוֹם לֵידָה (ז)
nacionalidade (f)	le'om	לְאוֹם (ז)
lugar (m) de residência	mekom megurim	מְקוֹם מְגוּרִים (ז)
país (m)	medina	מְדִינָה (נ)
profissão (f)	mik'tso'a	מִקְצוֹעַ (ז)
sexo (m)	min	מִין (ז)
estatura (f)	'gova	גּוֹבַהּ (ז)
peso (m)	miʃkal	מִשְׁקָל (ז)

59. Membros da família. Parentes

mãe (f)	em	אֵם (נ)
pai (m)	av	אָב (ז)
filho (m)	ben	בֵּן (ז)
filha (f)	bat	בַּת (נ)
caçula (f)	habat haktana	הַבַּת הַקְּטַנָּה (נ)
caçula (m)	haben hakatan	הַבֵּן הַקָּטָן (ז)
filha (f) mais velha	habat habχora	הַבַּת הַבְּכוֹרָה (נ)
filho (m) mais velho	haben habχor	הַבֵּן הַבְּכוֹר (ז)
irmão (m)	aχ	אָח (ז)
irmão (m) mais velho	aχ gadol	אָח גָּדוֹל (ז)
irmão (m) mais novo	aχ katan	אָח קָטָן (ז)
irmã (f)	aχot	אָחוֹת (נ)
irmã (f) mais velha	aχot gdola	אָחוֹת גְּדוֹלָה (נ)
irmã (f) mais nova	aχot ktana	אָחוֹת קְטַנָּה (נ)
primo (m)	ben dod	בֶּן דּוֹד (ז)
prima (f)	bat 'doda	בַּת דּוֹדָה (נ)
mamãe (f)	'ima	אִמָּא (נ)
papai (m)	'aba	אַבָּא (ז)
pais (pl)	horim	הוֹרִים (ז"ר)
criança (f)	'yeled	יֶלֶד (ז)
crianças (f pl)	yeladim	יְלָדִים (ז"ר)
avó (f)	'savta	סָבְתָא (נ)
avô (m)	'saba	סָבָא (ז)
neto (m)	'neχed	נֶכֶד (ז)

neta (f)	neχda	נֶבְדָּה (נ)
netos (pl)	neχadim	נְבָדִים (ז"ר)

tio (m)	dod	דּוֹד (ז)
tia (f)	'doda	דּוֹדָה (נ)
sobrinho (m)	aχyan	אַחְיָין (ז)
sobrinha (f)	aχyanit	אַחְיָינִית (נ)

sogra (f)	χamot	חָמוֹת (נ)
sogro (m)	χam	חָם (ז)
genro (m)	χatan	חָתָן (ז)
madrasta (f)	em χoreget	אֵם חוֹרֶגֶת (נ)
padrasto (m)	av χoreg	אָב חוֹרֵג (ז)

criança (f) de colo	tinok	תִּינוֹק (ז)
bebê (m)	tinok	תִּינוֹק (ז)
menino (m)	pa'ot	פָּעוֹט (ז)

mulher (f)	iʃa	אִשָּׁה (נ)
marido (m)	'ba'al	בַּעַל (ז)
esposo (m)	ben zug	בֶּן זוּג (ז)
esposa (f)	bat zug	בַּת זוּג (נ)

casado (adj)	nasui	נָשׂוּי
casada (adj)	nesu'a	נְשׂוּאָה
solteiro (adj)	ravak	רַוָּק
solteirão (m)	ravak	רַוָּק (ז)
divorciado (adj)	garuʃ	גָּרוּשׁ
viúva (f)	almana	אַלְמָנָה (נ)
viúvo (m)	alman	אַלְמָן (ז)

parente (m)	karov miʃpaχa	קָרוֹב מִשְׁפָּחָה (ז)
parente (m) próximo	karov miʃpaχa	קָרוֹב מִשְׁפָּחָה (ז)
parente (m) distante	karov raχok	קָרוֹב רָחוֹק (ז)
parentes (m pl)	krovei miʃpaχa	קְרוֹבֵי מִשְׁפָּחָה (ז"ר)

órfão (m), órfã (f)	yatom	יָתוֹם (ז)
órfão (m)	yatom	יָתוֹם (ז)
órfã (f)	yetoma	יְתוֹמָה (נ)
tutor (m)	apo'tropos	אַפּוֹטְרוֹפּוֹס (ז)
adotar (um filho)	le'amets	לְאַמֵּץ
adotar (uma filha)	le'amets	לְאַמֵּץ

60. Amigos. Colegas de trabalho

amigo (m)	χaver	חָבֵר (ז)
amiga (f)	χavera	חֲבֵרָה (נ)
amizade (f)	yedidut	יְדִידוּת (נ)
ser amigos	lihyot yadidim	לִהְיוֹת יָדִידִים
parceiro (m)	ʃutaf	שׁוּתָף (ז)

chefe (m)	menahel, roʃ	מְנַהֵל (ז), רֹאשׁ (ז)
superior (m)	memune	מְמוּנֶה (ז)
proprietário (m)	be'alim	בְּעָלִים (ז)

subordinado (m)	kafuf le	כָּפוּף לְ (ז)
colega (m, f)	amit	עָמִית (ז)
conhecido (m)	makar	מַכָּר (ז)
companheiro (m) de viagem	ben levaya	בֶּן לְוָיָה (ז)
colega (m) de classe	xaver lekita	חָבֵר לְכִּיתָה (ז)
vizinho (m)	ʃaxen	שָׁכֵן (ז)
vizinha (f)	ʃxena	שְׁכֵנָה (נ)
vizinhos (pl)	ʃxenim	שְׁכֵנִים (ז"ר)

CORPO HUMANO. MEDICINA

61. Cabeça

cabeça (f)	roʃ	רֹאשׁ (ז)
rosto, cara (f)	panim	פָּנִים (ז"ר)
nariz (m)	af	אַף (ז)
boca (f)	pe	פֶּה (ז)

olho (m)	'ayin	עַיִן (נ)
olhos (m pl)	ei'nayim	עֵינַיִים (נ"ר)
pupila (f)	iʃon	אִישׁוֹן (ז)
sobrancelha (f)	gaba	גַּבָּה (נ)
cílio (f)	ris	רִיס (ז)
pálpebra (f)	af'af	עַפְעַף (ז)

língua (f)	laʃon	לָשׁוֹן (נ)
dente (m)	ʃen	שֵׁן (נ)
lábios (m pl)	sfa'tayim	שְׂפָתַיִים (נ"ר)
maçãs (f pl) do rosto	atsamot leχa'yayim	עַצְמוֹת לְחָיַיִם (נ"ר)
gengiva (f)	χani'χayim	חֲנִיכַיִים (ז"ר)
palato (m)	χeχ	חֵךְ (ז)

narinas (f pl)	neχi'rayim	נְחִירַיִים (ז"ר)
queixo (m)	santer	סַנְטֵר (ז)
mandíbula (f)	'leset	לֶסֶת (נ)
bochecha (f)	'leχi	לֶחִי (נ)

testa (f)	'metsaχ	מֵצַח (ז)
têmpora (f)	raka	רַקָּה (נ)
orelha (f)	'ozen	אוֹזֶן (נ)
costas (f pl) da cabeça	'oref	עוֹרֶף (ז)
pescoço (m)	tsavar	צַוָּאר (ז)
garganta (f)	garon	גָּרוֹן (ז)

cabelo (m)	se'ar	שֵׂיעָר (ז)
penteado (m)	tis'roket	תִּסְרוֹקֶת (נ)
corte (m) de cabelo	tis'poret	תִּסְפּוֹרֶת (נ)
peruca (f)	pe'a	פֵּאָה (נ)

bigode (m)	safam	שָׂפָם (ז)
barba (f)	zakan	זָקָן (ז)
ter (~ barba, etc.)	legadel	לְגַדֵּל
trança (f)	tsama	צַמָּה (נ)
suíças (f pl)	pe'ot leχa'yayim	פֵּאוֹת לְחָיַיִם (נ"ר)

ruivo (adj)	'dʒindʒi	ג'ינג'י
grisalho (adj)	kasuf	כָּסוּף
careca (adj)	ke'reaχ	קֵירֵחַ
calva (f)	ka'raχat	קָרַחַת (נ)

| rabo-de-cavalo (m) | 'kuku | קוּקוּ (ז) |
| franja (f) | 'poni | פּוֹנִי (ז) |

62. Corpo humano

| mão (f) | kaf yad | כַּף יָד (נ) |
| braço (m) | yad | יָד (נ) |

dedo (m)	'etsba	אֶצְבַּע (נ)
dedo (m) do pé	'bohen	בּוֹהֶן (נ)
polegar (m)	agudal	אֲגוּדָל (ז)
dedo (m) mindinho	'zeret	זֶרֶת (נ)
unha (f)	tsi'poren	צִיפּוֹרֶן (ז)

punho (m)	egrof	אֶגְרוֹף (ז)
palma (f)	kaf yad	כַּף יָד (נ)
pulso (m)	'joref kaf hayad	שׁוֹרֶשׁ כַּף הַיָד (ז)
antebraço (m)	ama	אַמָּה (נ)
cotovelo (m)	marpek	מַרְפֵּק (ז)
ombro (m)	katef	כָּתֵף (נ)

perna (f)	'regel	רֶגֶל (נ)
pé (m)	kaf 'regel	כַּף רֶגֶל (נ)
joelho (m)	'berex	בֶּרֶך (נ)
panturrilha (f)	fok	שׁוֹק (ז)
quadril (m)	yarex	יָרֵך (ז)
calcanhar (m)	akev	עָקֵב (ז)

corpo (m)	guf	גוּף (ז)
barriga (f), ventre (m)	'beten	בֶּטֶן (נ)
peito (m)	xaze	חָזֶה (ז)
seio (m)	fad	שַׁד (ז)
lado (m)	tsad	צַד (ז)
costas (dorso)	gav	גַב (ז)
região (f) lombar	mot'nayim	מוֹתְנַיִים (ז"ר)
cintura (f)	'talya	טַלְיָה (נ)

umbigo (m)	tabur	טַבּוּר (ז)
nádegas (f pl)	axo'rayim	אֲחוֹרַיִים (ז"ר)
traseiro (m)	yafvan	יַשְׁבָן (ז)

sinal (m), pinta (f)	nekudat xen	נְקוּדַת חֵן (נ)
sinal (m) de nascença	'ketem leida	כֶּתֶם לֵידָה (ז)
tatuagem (f)	ka'a'ku'a	קַעֲקוּעַ (ז)
cicatriz (f)	tsa'leket	צֶלֶקֶת (נ)

63. Doenças

doença (f)	maxala	מַחֲלָה (נ)
estar doente	lihyot xole	לִהְיוֹת חוֹלֶה
saúde (f)	bri'ut	בְּרִיאוּת (נ)
nariz (m) escorrendo	na'zelet	נַזֶּלֶת (נ)

amigdalite (f)	da'leket ʃkedim	דַּלֶּקֶת שְׁקֵדִים (נ)
resfriado (m)	hitstanenut	הִצְטַנְּנוּת (נ)
ficar resfriado	lehitstanen	לְהִצְטַנֵּן

bronquite (f)	bron'χitis	בְּרוֹנְכִיטִיס (ז)
pneumonia (f)	da'leket re'ot	דַּלֶּקֶת רֵיאוֹת (נ)
gripe (f)	ʃa'pa'at	שַׁפַּעַת (נ)

míope (adj)	ktsar re'iya	קְצַר רְאִיָּה
presbita (adj)	reχok re'iya	רְחוֹק־רְאִיָּה
estrabismo (m)	pzila	פְּזִילָה (נ)
estrábico, vesgo (adj)	pozel	פּוֹזֵל
catarata (f)	katarakt	קָטָרַקְט (ז)
glaucoma (m)	gla'u'koma	גְּלָאוּקוֹמָה (נ)

AVC (m), apoplexia (f)	ʃavats moχi	שָׁבָץ מוֹחִי (ז)
ataque (m) cardíaco	hetkef lev	הֶתְקֵף לֵב (ז)
enfarte (m) do miocárdio	'otem ʃrir halev	אוֹטֶם שְׁרִיר הַלֵּב (ז)
paralisia (f)	ʃituk	שִׁיתּוּק (ז)
paralisar (vt)	leʃatek	לְשַׁתֵּק

alergia (f)	a'lergya	אָלֶרְגְּיָה (נ)
asma (f)	'astma, ka'tseret	אַסְתְמָה, קַצֶּרֶת (נ)
diabetes (f)	su'keret	סוּכֶּרֶת (נ)

dor (f) de dente	ke'ev ʃi'nayim	כְּאֵב שִׁנַּיִים (ז)
cárie (f)	a'ʃeʃet	עַשֶּׁשֶׁת (נ)

diarreia (f)	ʃilʃul	שִׁלְשׁוּל (ז)
prisão (f) de ventre	atsirut	עֲצִירוּת (נ)
desarranjo (m) intestinal	kilkul keiva	קִלְקוּל קֵיבָה (ז)
intoxicação (f) alimentar	har'alat mazon	הַרְעָלַת מָזוֹן (נ)
intoxicar-se	laχatof har'alat mazon	לַחֲטוֹף הַרְעָלַת מָזוֹן

artrite (f)	da'leket mifrakim	דַּלֶּקֶת מִפְרָקִים (נ)
raquitismo (m)	ra'keχet	רַכֶּכֶת (נ)
reumatismo (m)	ʃigaron	שִׁיגָּרוֹן (ז)
arteriosclerose (f)	ar'teryo skle'rosis	אַרְטֶרְיוֹ־סְקְלֶרוֹסִיס (ז)

gastrite (f)	da'leket keiva	דַּלֶּקֶת קֵיבָה (נ)
apendicite (f)	da'leket toseftan	דַּלֶּקֶת תּוֹסֶפְתָן (נ)
colecistite (f)	da'leket kis hamara	דַּלֶּקֶת כִּיס הַמָּרָה (נ)
úlcera (f)	'ulkus, kiv	אוּלְקוּס, כִּיב (ז)

sarampo (m)	χa'tsevet	חַצֶּבֶת (נ)
rubéola (f)	a'demet	אַדֶּמֶת (נ)
icterícia (f)	tsa'hevet	צַהֶבֶת (נ)
hepatite (f)	da'leket kaved	דַּלֶּקֶת כָּבֵד (נ)

esquizofrenia (f)	sχizo'frenya	סְכִיזוֹפְרֶנְיָה (נ)
raiva (f)	ka'levet	כַּלֶּבֶת (נ)
neurose (f)	noi'roza	נוֹירוֹזָה (נ)
contusão (f) cerebral	za'a'zu'a 'moaχ	זַעֲזוּעַ מוֹחַ (ז)

câncer (m)	sartan	סַרְטָן (ז)
esclerose (f)	ta'reʃet	טָרֶשֶׁת (נ)

esclerose (f) múltipla	ta'reʃet nefotsa	טָרֶשֶת נְפוֹצָה (נ)
alcoolismo (m)	alkoholizm	אַלְכּוֹהוֹלִיזָם (ז)
alcoólico (m)	alkoholist	אַלְכּוֹהוֹלִיסְט (ז)
sífilis (f)	a'gevet	עַגֶבֶת (נ)
AIDS (f)	eids	אֵיידְס (ז)

tumor (m)	gidul	גִידוֹל (ז)
maligno (adj)	mam'ir	מַמְאִיר
benigno (adj)	ʃapir	שָׁפִיר

febre (f)	ka'daχat	קַדַחַת (נ)
malária (f)	ma'larya	מָלַרְיָה (נ)
gangrena (f)	gan'grena	נַגְרֶנָה (נ)
enjoo (m)	maχalat yam	מַחֲלַת יָם (נ)
epilepsia (f)	maχalat hanefila	מַחֲלַת הַנְפִילָה (נ)

epidemia (f)	magefa	מַגֵיפָה (נ)
tifo (m)	'tifus	טִיפוּס (ז)
tuberculose (f)	ʃa'χefet	שַׁחֶפֶת (נ)
cólera (f)	ko'lera	כּוֹלֶרָה (נ)
peste (f) bubônica	davar	דֶבֶר (ז)

64. Sintomas. Tratamentos. Parte 1

sintoma (m)	simptom	סִימְפְּטוֹם (ז)
temperatura (f)	χom	חוֹם (ז)
febre (f)	χom ga'voha	חוֹם גָבוֹהַ (ז)
pulso (m)	'dofek	דוֹפֶק (ז)

vertigem (f)	sχar'χoret	סְחַרְחוֹרֶת (נ)
quente (testa, etc.)	χam	חַם
calafrio (m)	tsmar'moret	צְמַרְמוֹרֶת (נ)
pálido (adj)	χiver	חִיוֵר

tosse (f)	ʃi'ul	שִׁיעוּל (ז)
tossir (vi)	lehiʃta'el	לְהִשְׁתַעֵל
espirrar (vi)	lehit'ateʃ	לְהִתְעַטֵש
desmaio (m)	ilafon	עִילָפוֹן (ז)
desmaiar (vi)	lehit'alef	לְהִתְעַלֵף

mancha (f) preta	χabura	חַבּוּרָה (נ)
galo (m)	blita	בְּלִיטָה (נ)
machucar-se (vr)	lekabel maka	לְקַבֵּל מַכָּה
contusão (f)	maka	מַכָּה (נ)
machucar-se (vr)	lekabel maka	לְקַבֵּל מַכָּה

mancar (vi)	lits'lo'a	לְצְלוֹעַ
deslocamento (f)	'neka	נֶקַע (ז)
deslocar (vt)	lin'ko'a	לִנְקוֹעַ
fratura (f)	'ʃever	שֶׁבֶר (ז)
fraturar (vt)	liʃbor	לִשְׁבּוֹר

corte (m)	χataχ	חָתָךְ (ז)
cortar-se (vr)	lehiχateχ	לְהֵיחָתֵךְ

hemorragia (f)	dimum	דִּימוּם (ז)
queimadura (f)	kviya	כְּווִיָה (נ)
queimar-se (vr)	laxatof kviya	לַחֲטוֹף כְּווִיָה

picar (vt)	lidkor	לִדְקוֹר
picar-se (vr)	lehidaker	לְהִידָקֵר
lesionar (vt)	lif'tso'a	לִפְצוֹעַ
lesão (m)	ptsi'a	פְּצִיעָה (נ)
ferida (f), ferimento (m)	'petsa	פֶּצַע (ז)
trauma (m)	'tra'uma	טְרָאוּמָה (נ)

delirar (vi)	lahazot	לַהְזוֹת
gaguejar (vi)	legamgem	לְגַמְגֵם
insolação (f)	makat 'ʃemeʃ	מַכַּת שֶׁמֶשׁ (נ)

65. Sintomas. Tratamentos. Parte 2

dor (f)	ke'ev	כְּאֵב (ז)
farpa (no dedo, etc.)	kots	קוֹץ (ז)

suor (m)	ze'a	זֵיעָה (נ)
suar (vi)	leha'zi'a	לְהַזִּיעַ
vômito (m)	haka'a	הֲקָאָה (נ)
convulsões (f pl)	pirkusim	פִּירְכּוּסִים (ז"ר)

grávida (adj)	hara	הָרָה
nascer (vi)	lehivaled	לְהִיוָּלֵד
parto (m)	leda	לֵידָה (נ)
dar à luz	la'ledet	לָלֶדֶת
aborto (m)	hapala	הַפָּלָה (נ)

respiração (f)	neʃima	נְשִׁימָה (נ)
inspiração (f)	ʃe'ifa	שְׁאִיפָה (נ)
expiração (f)	neʃifa	נְשִׁיפָה (נ)
expirar (vi)	linʃof	לִנְשׁוֹף
inspirar (vi)	liʃof	לִשְׁאוֹף

inválido (m)	naxe	נָכֶה (ז)
aleijado (m)	naxe	נָכֶה (ז)
drogado (m)	narkoman	נַרְקוֹמָן (ז)

surdo (adj)	xereʃ	חֵירֵשׁ
mudo (adj)	ilem	אִילֵם
surdo-mudo (adj)	xereʃ-ilem	חֵירֵשׁ-אִילֵם

louco, insano (adj)	meʃuga	מְשׁוּגָּע
louco (m)	meʃuga	מְשׁוּגָּע (ז)
louca (f)	meʃu'ga'at	מְשׁוּגַּעַת (נ)
ficar louco	lehiʃta'ge'a	לְהִשְׁתַּגֵּעַ

gene (m)	gen	גֵּן (ז)
imunidade (f)	xasinut	חֲסִינוּת (נ)
hereditário (adj)	toraʃti	תּוֹרַשְׁתִּי
congênito (adj)	mulad	מוּלָד

vírus (m)	'virus	וִירוּס (ז)
micróbio (m)	χaidak	חַיְידָק (ז)
bactéria (f)	bak'terya	בַּקְטֶרְיָה (נ)
infecção (f)	zihum	זִיהוּם (ז)

66. Sintomas. Tratamentos. Parte 3

hospital (m)	beit χolim	בֵּית חוֹלִים (ז)
paciente (m)	metupal	מְטוּפָּל (ז)
diagnóstico (m)	avχana	אַבְחָנָה (נ)
cura (f)	ripui	רִיפּוּי (ז)
tratamento (m) médico	tipul refu'i	טִיפּוּל רְפוּאִי (ז)
curar-se (vr)	lekabel tipul	לְקַבֵּל טִיפּוּל
tratar (vt)	letapel be...	לְטַפֵּל בְּ...
cuidar (pessoa)	letapel be...	לְטַפֵּל בְּ...
cuidado (m)	tipul	טִיפּוּל (ז)
operação (f)	ni'tuaχ	נִיתּוּחַ (ז)
enfaixar (vt)	laχboʃ	לַחְבּוֹשׁ
enfaixamento (m)	χaviʃa	חֲבִישָׁה (נ)
vacinação (f)	χisun	חִיסוּן (ז)
vacinar (vt)	leχasen	לְחַסֵן
injeção (f)	zrika	זְרִיקָה (נ)
dar uma injeção	lehazrik	לְהַזְרִיק
ataque (~ de asma, etc.)	hetkef	הֶתְקֵף (ז)
amputação (f)	kti'a	קְטִיעָה (נ)
amputar (vt)	lik'to'a	לִקְטוֹעַ
coma (f)	tar'demet	תַּרְדֶמֶת (נ)
estar em coma	lihyot betar'demet	לִהְיוֹת בְּתַרְדֶמֶת
reanimação (f)	tipul nimraʦ	טִיפּוּל נִמְרָץ (ז)
recuperar-se (vr)	lehaχlim	לְהַחְלִים
estado (~ de saúde)	maʦav	מַצָב (ז)
consciência (perder a ~)	hakara	הַכָּרָה (נ)
memória (f)	zikaron	זִיכָּרוֹן (ז)
tirar (vt)	la'akor	לַעֲקוֹר
obturação (f)	stima	סְתִימָה (נ)
obturar (vt)	la'asot stima	לַעֲשׂוֹת סְתִימָה
hipnose (f)	hip'noza	הִיפְּנוֹזָה (נ)
hipnotizar (vt)	lehapnet	לְהַפְנֵט

67. Medicina. Drogas. Acessórios

medicamento (m)	trufa	תְּרוּפָה (נ)
remédio (m)	trufa	תְּרוּפָה (נ)
receitar (vt)	lirʃom	לִרְשׁוֹם
receita (f)	mirʃam	מִרְשָׁם (ז)

comprimido (m)	kadur	כַּדּוּר (ז)
unguento (m)	miʃχa	מִשְׁחָה (נ)
ampola (f)	'ampula	אַמְפּוּלָה (נ)
solução, preparado (m)	ta'a'rovet	תַעֲרֹבֶת (נ)
xarope (m)	sirop	סִירוֹף (ז)
cápsula (f)	gluya	גְּלוּיָה (נ)
pó (m)	avka	אַבְקָה (נ)

atadura (f)	taχ'boʃet 'gaza	תַחְבּוֹשֶׁת גָּאזָה (נ)
algodão (m)	'tsemer 'gefen	צֶמֶר גֶּפֶן (ז)
iodo (m)	yod	יוֹד (ז)

curativo (m) adesivo	'plaster	פְּלַסְטֶר (ז)
conta-gotas (m)	taf'tefet	טַפְטֶפֶת (נ)
termômetro (m)	madχom	מַדְחוֹם (ז)
seringa (f)	mazrek	מַזְרֵק (ז)

| cadeira (f) de rodas | kise galgalim | כִּיסֵא גַּלְגַּלִים (ז) |
| muletas (f pl) | ka'bayim | קַבַּיִים (ז"ר) |

analgésico (m)	meʃakeχ ke'evim	מְשַׁכֵּךְ כְּאֵבִים (ז)
laxante (m)	trufa meʃal'ʃelet	תְּרוּפָה מְשַׁלְשֶׁלֶת (נ)
álcool (m)	'kohal	כֹּהַל (ז)
ervas (f pl) medicinais	isvei marpe	עִשְׂבֵי מַרְפֵּא (ז"ר)
de ervas (chá ~)	ʃel asavim	שֶׁל עֲשָׂבִים

APARTAMENTO

68. Apartamento

apartamento (m)	dira	דִּירָה (נ)
quarto, cômodo (m)	'χeder	חֶדֶר (ז)
quarto (m) de dormir	χadar ʃena	חֲדַר שֵׁינָה (ז)
sala (f) de jantar	pinat 'oχel	פִּינַת אוֹכֶל (נ)
sala (f) de estar	salon	סָלוֹן (ז)
escritório (m)	χadar avoda	חֲדַר עֲבוֹדָה (ז)
sala (f) de entrada	prozdor	פְּרוֹזדוֹר (ז)
banheiro (m)	χadar am'batya	חֲדַר אַמבַּטיָה (ז)
lavabo (m)	ʃerutim	שֵׁירוּתִים (ז"ר)
teto (m)	tikra	תִּקרָה (נ)
chão, piso (m)	ritspa	רִצפָּה (נ)
canto (m)	pina	פִּינָה (נ)

69. Mobiliário. Interior

mobiliário (m)	rehitim	רָהִיטִים (ז"ר)
mesa (f)	ʃulχan	שׁוּלחָן (ז)
cadeira (f)	kise	כִּסֵא (ז)
cama (f)	mita	מִיטָה (נ)
sofá, divã (m)	sapa	סַפָּה (נ)
poltrona (f)	kursa	כּוּרסָה (נ)
estante (f)	aron sfarim	אֲרוֹן סְפָרִים (ז)
prateleira (f)	madaf	מַדָף (ז)
guarda-roupas (m)	aron bgadim	אֲרוֹן בְּגָדִים (ז)
cabide (m) de parede	mitle	מִתלֶה (ז)
cabideiro (m) de pé	mitle	מִתלֶה (ז)
cômoda (f)	ʃida	שִׁידָה (נ)
mesinha (f) de centro	ʃulχan itonim	שׁוּלחָן עִיתוֹנִים (ז)
espelho (m)	mar'a	מַראָה (נ)
tapete (m)	ʃa'tiaχ	שָׁטִיחַ (ז)
tapete (m) pequeno	ʃa'tiaχ	שָׁטִיחַ (ז)
lareira (f)	aχ	אָח (נ)
vela (f)	ner	נֵר (ז)
castiçal (m)	pamot	פָּמוֹט (ז)
cortinas (f pl)	vilonot	וִילוֹנוֹת (ז"ר)
papel (m) de parede	tapet	טַפֶּט (ז)

persianas (f pl)	trisim	תְּרִיסִים (ז״ר)
luminária (f) de mesa	menorat ʃulχan	מְנוֹרַת שׁוּלחָן (נ)
luminária (f) de parede	menorat kir	מְנוֹרַת קִיר (נ)
abajur (m) de pé	menora o'medet	מְנוֹרָה עוֹמֶדֶת (נ)
lustre (m)	niv'reʃet	נִברֶשֶׁת (נ)

pé (de mesa, etc.)	'regel	רֶגֶל (נ)
braço, descanso (m)	miʃ'enet yad	מִשׁעֶנֶת יָד (נ)
costas (f pl)	miʃ'enet	מִשׁעֶנֶת (נ)
gaveta (f)	megera	מְגֵירָה (נ)

70. Quarto de dormir

roupa (f) de cama	matsaʻim	מַצָעִים (ז״ר)
travesseiro (m)	karit	כָּרִית (נ)
fronha (f)	tsipit	צִיפִית (נ)
cobertor (m)	smiχa	שׂמִיכָה (נ)
lençol (m)	sadin	סָדִין (ז)
colcha (f)	kisui mita	כִּיסוּי מִיטָה (ז)

71. Cozinha

cozinha (f)	mitbaχ	מִטבָּח (ז)
gás (m)	gaz	גָּז (ז)
fogão (m) a gás	tanur gaz	תַּנוּר גָּז (ז)
fogão (m) elétrico	tanur χaʃmali	תַּנוּר חַשׁמַלִי (ז)
forno (m)	tanur afiya	תַּנוּר אֲפִייָה (ז)
forno (m) de micro-ondas	mikrogal	מִיקרוֹגַל (ז)

geladeira (f)	mekarer	מְקָרֵר (ז)
congelador (m)	makpi	מַקפִּיא (ז)
máquina (f) de lavar louça	me'diaχ kelim	מֵדִיחַ כֵּלִים (ז)

moedor (m) de carne	matχenat basar	מַטחֲנַת בָּשָׂר (נ)
espremedor (m)	masχeta	מַסחֵטָה (נ)
torradeira (f)	'toster	טוֹסטֶר (ז)
batedeira (f)	'mikser	מִיקסֵר (ז)

máquina (f) de café	meχonat kafe	מְכוֹנַת קָפֶּה (נ)
cafeteira (f)	findʒan	פִינגָ׳אן (ז)
moedor (m) de café	matχenat kafe	מַטחֲנַת קָפֶּה (נ)

chaleira (f)	kumkum	קוּמקוּם (ז)
bule (m)	kumkum	קוּמקוּם (ז)
tampa (f)	miχse	מִכסֶה (ז)
coador (m) de chá	mis'nenet te	מְסַנֶנֶת תֵּה (נ)

colher (f)	kaf	כַּף (נ)
colher (f) de chá	kapit	כַּפִּית (נ)
colher (f) de sopa	kaf	כַּף (נ)
garfo (m)	mazleg	מַזלֵג (ז)
faca (f)	sakin	סַכִּין (ז, נ)

louça (f)	kelim	כֵּלִים (ז"ר)
prato (m)	tsa'laxat	צַלַּחַת (נ)
pires (m)	taxtit	תַּחְתִּית (נ)
cálice (m)	kosit	כּוֹסִית (נ)
copo (m)	kos	כּוֹס (נ)
xícara (f)	'sefel	סֵפֶל (ז)
açucareiro (m)	mis'keret	מִסְכֶּרֶת (נ)
saleiro (m)	milxiya	מֶלְחִיָּה (נ)
pimenteiro (m)	pilpeliya	פִּלְפְּלִיָּה (נ)
manteigueira (f)	maxame'a	מַחֲמָאָה (נ)
panela (f)	sir	סִיר (ז)
frigideira (f)	maxvat	מַחֲבַת (נ)
concha (f)	tarvad	תַּרְוָד (ז)
coador (m)	mis'nenet	מִסְנֶנֶת (נ)
bandeja (f)	magaʃ	מַגָּשׁ (ז)
garrafa (f)	bakbuk	בַּקְבּוּק (ז)
pote (m) de vidro	tsin'tsenet	צִנְצֶנֶת (נ)
lata (~ de cerveja)	paxit	פַּחִית (נ)
abridor (m) de garrafa	potxan bakbukim	פּוֹתְחָן בַּקְבּוּקִים (ז)
abridor (m) de latas	potxan kufsa'ot	פּוֹתְחָן קוּפְסָאוֹת (ז)
saca-rolhas (m)	maxlets	מַחְלֵץ (ז)
filtro (m)	'filter	פִּילְטֶר (ז)
filtrar (vt)	lesanen	לְסַנֵּן
lixo (m)	'zevel	זֶבֶל (ז)
lixeira (f)	pax 'zevel	פַּח זֶבֶל (ז)

72. Casa de banho

banheiro (m)	xadar am'batya	חֲדַר אַמְבַּטְיָה (ז)
água (f)	'mayim	מַיִם (ז"ר)
torneira (f)	'berez	בֶּרֶז (ז)
água (f) quente	'mayim xamim	מַיִם חַמִּים (ז"ר)
água (f) fria	'mayim karim	מַיִם קָרִים (ז"ר)
pasta (f) de dente	miʃxat ʃi'nayim	מִשְׁחַת שִׁנַּיִים (נ)
escovar os dentes	letsax'tseax ʃi'nayim	לְצַחְצֵחַ שִׁנַּיִים
escova (f) de dente	miv'reʃet ʃi'nayim	מִבְרֶשֶׁת שִׁנַּיִים (נ)
barbear-se (vr)	lehitga'leax	לְהִתְגַּלֵּחַ
espuma (f) de barbear	'ketsef gi'luax	קֶצֶף גִּילוּחַ (ז)
gilete (f)	'ta'ar	תַּעַר (ז)
lavar (vt)	liʃtof	לִשְׁטוֹף
tomar banho	lehitraxets	לְהִתְרַחֵץ
chuveiro (m), ducha (f)	mik'laxat	מִקְלַחַת (נ)
tomar uma ducha	lehitka'leax	לְהִתְקַלֵּחַ
banheira (f)	am'batya	אַמְבַּטְיָה (נ)
vaso (m) sanitário	asla	אַסְלָה (נ)

Português	Transliteração	עברית
pia (f)	kiyor	כִּיוֹר (ז)
sabonete (m)	sabon	סַבּוֹן (ז)
saboneteira (f)	saboniya	סַבּוֹנִיָה (נ)
esponja (f)	sfog 'lifa	סְפוֹג לִיפָה (ז)
xampu (m)	ʃampu	שַׁמְפּוּ (ז)
toalha (f)	ma'gevet	מַגֶּבֶת (נ)
roupão (m) de banho	xaluk raxatsa	חָלוּק רַחְצָה (ז)
lavagem (f)	kvisa	כְּבִיסָה (נ)
lavadora (f) de roupas	mexonat kvisa	מְכוֹנַת כְּבִיסָה (נ)
lavar a roupa	lexabes	לְכַבֵּס
detergente (m)	avkat kvisa	אַבְקַת כְּבִיסָה (נ)

73. Eletrodomésticos

Português	Transliteração	עברית
televisor (m)	tele'vizya	טֶלֶוִוִיזְיָה (נ)
gravador (m)	teip	טֵייפּ (ז)
videogravador (m)	maxʃir 'vide'o	מַכְשִׁיר וִידָאוֹ (ז)
rádio (m)	'radyo	רַדְיוֹ (ז)
leitor (m)	nagan	נַגָּן (ז)
projetor (m)	makren	מַקְרֵן (ז)
cinema (m) em casa	kol'no'a beiti	קוֹלְנוֹעַ בֵּיתִי (ז)
DVD Player (m)	nagan dividi	נַגָּן DVD (ז)
amplificador (m)	magber	מַגְבֵּר (ז)
console (f) de jogos	maxʃir plei'steiʃen	מַכְשִׁיר פְּלֵייסְטֵיישֶׁן (ז)
câmera (f) de vídeo	matslemat 'vide'o	מַצְלֵמַת וִידָאוֹ (נ)
máquina (f) fotográfica	matslema	מַצְלֵמָה (נ)
câmera (f) digital	matslema digi'talit	מַצְלֵמָה דִּיגִיטָלִית (נ)
aspirador (m)	ʃo'ev avak	שׁוֹאֵב אָבָק (ז)
ferro (m) de passar	maghets	מַגְהֵץ (ז)
tábua (f) de passar	'kereʃ gihuts	קֶרֶשׁ גִּיהוּץ (ז)
telefone (m)	'telefon	טֶלֶפוֹן (ז)
celular (m)	'telefon nayad	טֶלֶפוֹן נַיָּיד (ז)
máquina (f) de escrever	mexonat ktiva	מְכוֹנַת כְּתִיבָה (נ)
máquina (f) de costura	mexonat tfira	מְכוֹנַת תְפִירָה (נ)
microfone (m)	mikrofon	מִיקְרוֹפוֹן (ז)
fone (m) de ouvido	ozniyot	אוֹזְנִיּוֹת (נ"ר)
controle remoto (m)	'ʃelet	שֶׁלֶט (ז)
CD (m)	taklitor	תַקְלִיטוֹר (ז)
fita (f) cassete	ka'letet	קַלֶטֶת (נ)
disco (m) de vinil	taklit	תַקְלִיט (ז)

A TERRA. TEMPO

74. Espaço sideral

espaço, cosmo (m)	χalal	חָלָל (ז)
espacial, cósmico (adj)	ʃel χalal	שֶׁל חָלָל
espaço (m) cósmico	χalal χiʦon	חָלָל חִיצוֹן (ז)
mundo (m)	olam	עוֹלָם (ז)
universo (m)	yekum	יְקוּם (ז)
galáxia (f)	ga'laksya	גָּלַקְסִיָה (נ)
estrela (f)	koχav	כּוֹכָב (ז)
constelação (f)	ʦvir koχavim	צְבִיר כּוֹכָבִים (ז)
planeta (m)	koχav 'leχet	כּוֹכָב לֶכֶת (ז)
satélite (m)	lavyan	לַוְיָן (ז)
meteorito (m)	mete'orit	מֶטְאוֹרִיט (ז)
cometa (m)	koχav ʃavit	כּוֹכָב שָׁבִיט (ז)
asteroide (m)	aste'ro'id	אַסְטֶרוֹאִיד (ז)
órbita (f)	maslul	מַסְלוּל (ז)
girar (vi)	lesovev	לְסוֹבֵב
atmosfera (f)	atmos'fera	אַטְמוֹסְפֵרָה (נ)
Sol (m)	'ʃemeʃ	שֶׁמֶשׁ (נ)
Sistema (m) Solar	ma'a'reχet ha'ʃemeʃ	מַעֲרֶכֶת הַשֶּׁמֶשׁ (נ)
eclipse (m) solar	likui χama	לִיקוּי חַמָה (ז)
Terra (f)	kadur ha''areʦ	כַּדוּר הָאָרֶץ (ז)
Lua (f)	ya'reaχ	יָרֵחַ (ז)
Marte (m)	ma'adim	מַאֲדִים (ז)
Vênus (f)	'noga	נוֹגַה (ז)
Júpiter (m)	'ʦedek	צֶדֶק (ז)
Saturno (m)	ʃabtai	שַׁבְּתַאי (ז)
Mercúrio (m)	koχav χama	כּוֹכָב חַמָה (ז)
Urano (m)	u'ranus	אוּרָנוּס (ז)
Netuno (m)	neptun	נֶפְּטוּן (ז)
Plutão (m)	'pluto	פְּלוּטוֹ (ז)
Via Láctea (f)	ʃvil haχalav	שְׁבִיל הֶחָלָב (ז)
Ursa Maior (f)	duba gdola	דוּבָּה גְדוֹלָה (נ)
Estrela Polar (f)	koχav haʦafon	כּוֹכָב הַצָפוֹן (ז)
marciano (m)	toʃav ma'adim	תוֹשַׁב מַאֲדִים (ז)
extraterrestre (m)	χuʦan	חוֹצָן (ז)
alienígena (m)	χaizar	חַייזָר (ז)
disco (m) voador	ʦa'laχat me'o'fefet	צַלַחַת מְעוֹפֶפֶת (נ)
espaçonave (f)	χalalit	חֲלָלִית (נ)

estação (f) orbital	taχanat χalal	תַּחֲנַת חָלָל (נ)
lançamento (m)	hamra'a	הַמְרָאָה (נ)
motor (m)	ma'no‘a	מָנוֹעַ (ז)
bocal (m)	neχir	נְחִיר (ז)
combustível (m)	'delek	דֶּלֶק (ז)
cabine (f)	'kokpit	קוֹקְפִּיט (ז)
antena (f)	an'tena	אַנְטֶנָה (נ)
vigia (f)	eʃnav	אֶשְׁנָב (ז)
bateria (f) solar	'luaχ so'lari	לוּחַ סוֹלָרִי (ז)
traje (m) espacial	χalifat χalal	חֲלִיפַת חָלָל (נ)
imponderabilidade (f)	'χoser miʃkal	חוֹסֶר מִשְׁקָל (ז)
oxigênio (m)	χamtsan	חַמְצָן (ז)
acoplagem (f)	agina	עֲגִינָה (נ)
fazer uma acoplagem	la‘agon	לַעֲגוֹן
observatório (m)	mitspe koχavim	מִצְפֶּה כּוֹכָבִים (ז)
telescópio (m)	teleskop	טֶלֶסְקוֹפ (ז)
observar (vt)	litspot, lehaʃkif	לִצְפּוֹת, לְהַשְׁקִיף
explorar (vt)	laχkor	לַחְקוֹר

75. A Terra

Terra (f)	kadur ha''arets	כַּדּוּר הָאָרֶץ (ז)
globo terrestre (Terra)	kadur ha''arets	כַּדּוּר הָאָרֶץ (ז)
planeta (m)	koχav 'leχet	כּוֹכַב לֶכֶת (ז)
atmosfera (f)	atmos'fera	אַטמוֹסְפֶּרָה (נ)
geografia (f)	ge'o'grafya	גִּיאוֹגְרַפְיָה (נ)
natureza (f)	'teva	טֶבַע (ז)
globo (mapa esférico)	'globus	גלוֹבּוּס (ז)
mapa (m)	mapa	מַפָּה (נ)
atlas (m)	'atlas	אַטְלָס (ז)
Europa (f)	ei'ropa	אֵירוֹפָּה (נ)
Ásia (f)	'asya	אַסְיָה (נ)
África (f)	'afrika	אַפְרִיקָה (נ)
Austrália (f)	ost'ralya	אוֹסְטְרַלְיָה (נ)
América (f)	a'merika	אָמֶרִיקָה (נ)
América (f) do Norte	a'merika hatsfonit	אָמֶרִיקָה הַצְּפוֹנִית (נ)
América (f) do Sul	a'merika hadromit	אָמֶרִיקָה הַדְּרוֹמִית (נ)
Antártida (f)	ya'beʃet an'tarktika	יַבֶּשֶׁת אַנְטָארקְטִיקָה (נ)
Ártico (m)	'arktika	אַרקְטִיקָה (נ)

76. Pontos cardeais

norte (m)	tsafon	צָפוֹן (ז)
para norte	tsa'fona	צָפוֹנָה

| no norte | batsafon | בְּצָפוֹן |
| do norte (adj) | tsfoni | צְפוֹנִי |

sul (m)	darom	דָּרוֹם (ז)
para sul	da'roma	דָּרוֹמָה
no sul	badarom	בַּדָּרוֹם
do sul (adj)	dromi	דְרוֹמִי

oeste, ocidente (m)	maʿarav	מַעֲרָב (ז)
para oeste	maʿa'rava	מַעֲרָבָה
no oeste	bamaʿarav	בַּמַעֲרָב
ocidental (adj)	maʿaravi	מַעֲרָבִי

leste, oriente (m)	mizraχ	מִזְרָח (ז)
para leste	miz'raχa	מִזְרָחָה
no leste	bamizraχ	בַּמִזְרָח
oriental (adj)	mizraχi	מִזְרָחִי

77. Mar. Oceano

mar (m)	yam	יָם (ז)
oceano (m)	ok'yanos	אוֹקְיָאנוֹס (ז)
golfo (m)	mifrats	מִפְרָץ (ז)
estreito (m)	meitsar	מֵיצָר (ז)

terra (f) firme	yabaʃa	יַבָּשָׁה (נ)
continente (m)	ya'beʃet	יַבֶּשֶׁת (נ)
ilha (f)	i	אִי (ז)
península (f)	χatsi i	חֲצִי אִי (ז)
arquipélago (m)	arχipelag	אַרְכִיפֶּלָג (ז)

baía (f)	mifrats	מִפְרָץ (ז)
porto (m)	namal	נָמָל (ז)
lagoa (f)	la'guna	לָגוּנָה (נ)
cabo (m)	kef	כֵּף (ז)

atol (m)	atol	אָטוֹל (ז)
recife (m)	ʃunit	שׁוּנִית (נ)
coral (m)	almog	אַלְמוֹג (ז)
recife (m) de coral	ʃunit almogim	שׁוּנִית אַלְמוֹגִים (נ)

profundo (adj)	amok	עָמוֹק
profundidade (f)	'omek	עוֹמֶק (ז)
abismo (m)	tehom	תְּהוֹם (נ)
fossa (f) oceânica	maχteʃ	מַכְתֵּשׁ (ז)

| corrente (f) | 'zerem | זֶרֶם (ז) |
| banhar (vt) | lehakif | לְהַקִיף |

| litoral (m) | χof | חוֹף (ז) |
| costa (f) | χof yam | חוֹף יָם (ז) |

| maré (f) alta | geʾut | גָאוּת (נ) |
| refluxo (m) | 'ʃefel | שֵׁפֶל (ז) |

restinga (f)	sirton	שִׂרְטוֹן (ז)
fundo (m)	karka'it	קַרְקָעִית (נ)
onda (f)	gal	גַּל (ז)
crista (f) da onda	pisgat hagal	פְּסְגַת הַגַּל (נ)
espuma (f)	'ketsef	קֶצֶף (ז)
tempestade (f)	sufa	סוּפָה (נ)
furacão (m)	hurikan	הוֹרִיקָן (ז)
tsunami (m)	tsu'nami	צוּנָאמִי (ז)
calmaria (f)	'roga	רֹגַע (ז)
calmo (adj)	ʃalev	שָׁלֵו
polo (m)	'kotev	קוֹטֶב (ז)
polar (adj)	kotbi	קוֹטְבִּי
latitude (f)	kav 'roχav	קַו רֹחַב (ז)
longitude (f)	kav 'oreχ	קַו אוֹרֶךְ (ז)
paralela (f)	kav 'roχav	קַו רֹחַב (ז)
equador (m)	kav hamaʃve	קַו הַמַּשְׁוֶה (ז)
céu (m)	ʃa'mayim	שָׁמַיִם (ז"ר)
horizonte (m)	'ofek	אוֹפֶק (ז)
ar (m)	avir	אֲוִיר (ז)
farol (m)	migdalor	מִגְדַּלּוֹר (ז)
mergulhar (vi)	litslol	לִצְלֹל
afundar-se (vr)	lit'bo'a	לִטְבּוֹעַ
tesouros (m pl)	otsarot	אוֹצָרוֹת (ז"ר)

78. Nomes de Mares e Oceanos

Oceano (m) Atlântico	ha'ok'yanus ha'at'lanti	הָאוֹקְיָנוֹס הָאַטְלַנְטִי (ז)
Oceano (m) Índico	ha'ok'yanus ha'hodi	הָאוֹקְיָנוֹס הַהוֹדִי (ז)
Oceano (m) Pacífico	ha'ok'yanus haʃaket	הָאוֹקְיָנוֹס הַשָּׁקֵט (ז)
Oceano (m) Ártico	ok'yanos ha'keraχ hatsfoni	אוֹקְיָנוֹס הַקֶּרַח הַצְּפוֹנִי (ז)
Mar (m) Negro	hayam haʃaχor	הַיָּם הַשָּׁחוֹר (ז)
Mar (m) Vermelho	yam suf	יַם סוּף (ז)
Mar (m) Amarelo	hayam hatsahov	הַיָּם הַצָּהוֹב (ז)
Mar (m) Branco	hayam halavan	הַיָּם הַלָּבָן (ז)
Mar (m) Cáspio	hayam ha'kaspi	הַיָּם הַכַּסְפִּי (ז)
Mar (m) Morto	yam ha'melaχ	יַם הַמֶּלַח (ז)
Mar (m) Mediterrâneo	hayam hatiχon	הַיָּם הַתִּיכוֹן (ז)
Mar (m) Egeu	hayam ha'e'ge'i	הַיָּם הָאֶגֵאִי (ז)
Mar (m) Adriático	hayam ha'adri'yati	הַיָּם הָאַדְרִיָאתִי (ז)
Mar (m) Arábico	hayam ha'aravi	הַיָּם הָעֲרָבִי (ז)
Mar (m) do Japão	hayam haya'pani	הַיָּם הַיַּפָּנִי (ז)
Mar (m) de Bering	yam 'bering	יַם בֶּרִינְג (ז)
Mar (m) da China Meridional	yam sin hadromi	יַם סִין הַדְּרוֹמִי (ז)
Mar (m) de Coral	yam ha'almogim	יַם הָאַלְמוֹגִים (ז)

Mar (m) de Tasman	yam tasman	יַם טַסְמָן (ז)
Mar (m) do Caribe	hayam haka'ribi	הַיָּם הַקָּרִיבִּי (ז)
Mar (m) de Barents	yam 'barents	יָם בָּרֶנְץ (ז)
Mar (m) de Kara	yam 'kara	יַם קָאֲרָה (ז)
Mar (m) do Norte	hayam hatsfoni	הַיָּם הַצְּפוֹנִי (ז)
Mar (m) Báltico	hayam ha'balti	הַיָּם הַבַּלְטִי (ז)
Mar (m) da Noruega	hayam hanor'vegi	הַיָּם הַנּוֹרְבֶּגִי (ז)

79. Montanhas

montanha (f)	har	הַר (ז)
cordilheira (f)	'rexes harim	רֶכֶס הָרִים (ז)
serra (f)	'rexes har	רֶכֶס הַר (ז)
cume (m)	pisga	פִּסְגָּה (נ)
pico (m)	pisga	פִּסְגָּה (נ)
pé (m)	margelot	מַרְגְּלוֹת (נ"ר)
declive (m)	midron	מִדְרוֹן (ז)
vulcão (m)	har 'ga'aʃ	הַר גַּעַשׁ (ז)
vulcão (m) ativo	har 'ga'aʃ pa'il	הַר גַּעַשׁ פָּעִיל (ז)
vulcão (m) extinto	har 'ga'aʃ radum	הַר גַּעַשׁ כָּדוּם (ז)
erupção (f)	hitpartsut	הִתְפָּרְצוּת (נ)
cratera (f)	lo'a	לוֹעַ (ז)
magma (m)	megama	מַגְמָה (נ)
lava (f)	'lava	לָאבָה (נ)
fundido (lava ~a)	lohet	לוֹהֵט
cânion, desfiladeiro (m)	kanyon	קַנְיוֹן (ז)
garganta (f)	gai	גַּיְא (ז)
fenda (f)	'beka	בֶּקַע (ז)
precipício (m)	tehom	תְּהוֹם (נ)
passo, colo (m)	ma'avar harim	מַעֲבָר הָרִים (ז)
planalto (m)	rama	רָמָה (נ)
falésia (f)	tsuk	צוּק (ז)
colina (f)	giv'a	גִּבְעָה (נ)
geleira (f)	karxon	קַרְחוֹן (ז)
cachoeira (f)	mapal 'mayim	מַפַּל מַיִם (ז)
gêiser (m)	'geizer	גֵּייְזֶר (ז)
lago (m)	agam	אֲגַם (ז)
planície (f)	miʃor	מִישׁוֹר (ז)
paisagem (f)	nof	נוֹף (ז)
eco (m)	hed	הֵד (ז)
alpinista (m)	metapes harim	מְטַפֵּס הָרִים (ז)
escalador (m)	metapes sla'im	מְטַפֵּס סְלָעִים (ז)
conquistar (vt)	lixboʃ	לִכְבּוֹשׁ
subida, escalada (f)	tipus	טִיפּוּס (ז)

80. Nomes de montanhas

Alpes (m pl)	harei ha''alpim	הָרֵי הָאַלְפִּים (ז״ר)
Monte Branco (m)	mon blan	מוֹן בְּלָאן (ז)
Pirineus (m pl)	pire'ne'im	פִּירֶנָאִים (ז״ר)
Cárpatos (m pl)	kar'patim	קַרְפָּטִים (ז״ר)
Urais (m pl)	harei ural	הָרֵי אוּרָל (ז״ר)
Cáucaso (m)	harei hakavkaz	הָרֵי הַקַּוְוקָז (ז״ר)
Elbrus (m)	elbrus	אֶלְבְּרוּס (ז)
Altai (m)	harei altai	הָרֵי אַלְטַאי (ז״ר)
Tian Shan (m)	tyan ʃan	טִיאָן שָׁאן (ז)
Pamir (m)	harei pamir	הָרֵי פָּאמִיר (ז״ר)
Himalaia (m)	harei hehima'laya	הָרֵי הַהִימָלַאיָה (ז״ר)
monte Everest (m)	everest	אֶוֶורֶסְט (ז)
Cordilheira (f) dos Andes	harei ha''andim	הָרֵי הָאַנְדִים (ז״ר)
Kilimanjaro (m)	kiliman'dʒaro	קִילִימַנְגֶ׳רוֹ (ז)

81. Rios

rio (m)	nahar	נָהָר (ז)
fonte, nascente (f)	ma'ayan	מַעְיָין (ז)
leito (m) de rio	afik	אָפִיק (ז)
bacia (f)	agan nahar	אַגַּן נָהָר (ז)
desaguar no ...	lehiʃapeχ	לְהִישָׁפֵּךְ
afluente (m)	yuval	יוּבַל (ז)
margem (do rio)	χof	חוֹף (ז)
corrente (f)	'zerem	זֶרֶם (ז)
rio abaixo	bemorad hanahar	בְּמוֹרַד הַנָּהָר
rio acima	bema'ale hanahar	בְּמַעֲלֵה הַזֶּרֶם
inundação (f)	hatsafa	הַצָּפָה (נ)
cheia (f)	ʃitafon	שִׁיטָפוֹן (ז)
transbordar (vi)	la'alot al gdotav	לַעֲלוֹת עַל גְּדוֹתָיו
inundar (vt)	lehatsif	לְהָצִיף
banco (m) de areia	sirton	שִׁרְטוֹן (ז)
corredeira (f)	'eʃed	אֶשֶׁד (ז)
barragem (f)	'seχer	סֶכֶר (ז)
canal (m)	te'ala	תְּעָלָה (נ)
reservatório (m) de água	ma'agar 'mayim	מַאֲגַר מַיִם (ז)
eclusa (f)	ta 'ʃayit	תָּא שַׁיִט (ז)
corpo (m) de água	ma'agar 'mayim	מַאֲגַר מַיִם (ז)
pântano (m)	bitsa	בִּיצָה (נ)
lamaçal (m)	bitsa	בִּיצָה (נ)
redemoinho (m)	me'ar'bolet	מְעַרְבּוֹלֶת (נ)
riacho (m)	'naχal	נַחַל (ז)

potável (adj)	ʃel ʃtiya	שֶׁל שְׁתִיָּה
doce (água)	metukim	מְתוּקִים
gelo (m)	'keraχ	קֶרַח (ז)
congelar-se (vr)	likpo	לִקְפֹּא

82. Nomes de rios

rio Sena (m)	hasen	הַסֶּן (ז)
rio Loire (m)	lu'ar	לוּאָר (ז)
rio Tâmisa (m)	'temza	תָּמְזָה (ז)
rio Reno (m)	hrain	הָרַיְין (ז)
rio Danúbio (m)	da'nuba	דָנוּבָּה (ז)
rio Volga (m)	'volga	וֹולְגָה (ז)
rio Don (m)	nahar don	נָהָר דּוֹן (ז)
rio Lena (m)	'lena	לֶנָה (ז)
rio Amarelo (m)	hvang ho	הוֹוַנג הוֹ (ז)
rio Yangtzé (m)	yangtse	יָאנגצֶה (ז)
rio Mekong (m)	mekong	מֶקוֹנג (ז)
rio Ganges (m)	'ganges	גַנגֶס (ז)
rio Nilo (m)	'nilus	נִילוּס (ז)
rio Congo (m)	'kongo	קוֹנגוֹ (ז)
rio Cubango (m)	ok'vango	אוֹקבַנגוֹ (ז)
rio Zambeze (m)	zam'bezi	זַמבֶּזִי (ז)
rio Limpopo (m)	limpopo	לִימפוֹפוֹ (ז)
rio Mississippi (m)	misi'sipi	מִיסִיסִיפִּי (ז)

83. Floresta

floresta (f), bosque (m)	'ya'ar	יַעַר (ז)
florestal (adj)	ʃel 'ya'ar	שֶׁל יַעַר
mata (f) fechada	avi ha'ya'ar	עֲבִי הַיַּעַר (ז)
arvoredo (m)	χurʃa	חֹורְשָׁה (נ)
clareira (f)	ka'raχat 'ya'ar	קָרַחַת יַעַר (נ)
matagal (m)	svaχ	סְבַך (ז)
mato (m), caatinga (f)	'siaχ	שִׂיחַ (ז)
pequena trilha (f)	ʃvil	שְׁבִיל (ז)
ravina (f)	'emek tsar	עֵמֶק צָר (ז)
árvore (f)	ets	עֵץ (ז)
folha (f)	ale	עָלֶה (ז)
folhagem (f)	alva	עַלְוָה (נ)
queda (f) das folhas	ʃa'leχet	שַׁלֶּכֶת (נ)
cair (vi)	linʃor	לִנְשֹׁור

topo (m)	tsa'meret	צַמֶרֶת (נ)
ramo (m)	anaf	עָנָף (ז)
galho (m)	anaf ave	עָנָף עָבֶה (ז)
botão (m)	nitsan	נִיצָן (ז)
agulha (f)	'maxat	מַחַט (נ)
pinha (f)	itstrubal	אִצְטְרוּבָּל (ז)

buraco (m) de árvore	xor ba'ets	חוֹר בָּעֵץ (ז)
ninho (m)	ken	קֵן (ז)
toca (f)	mexila	מְחִילָה (נ)

tronco (m)	'geza	גֶזַע (ז)
raiz (f)	'joreʃ	שוֹרֶש (ז)
casca (f) de árvore	klipa	קְלִיפָּה (נ)
musgo (m)	taxav	טַחַב (ז)

arrancar pela raiz	la'akor	לַעֲקוֹר
cortar (vt)	lixrot	לִכְרוֹת
desflorestar (vt)	levare	לְבָרֵא
toco, cepo (m)	'gedem	גֶדֶם (ז)

fogueira (f)	medura	מְדוּרָה (נ)
incêndio (m) florestal	srefa	שְׂרֵיפָה (נ)
apagar (vt)	lexabot	לְכַבּוֹת

guarda-parque (m)	ʃomer 'ya'ar	שוֹמֵר יַעַר (ז)
proteção (f)	ʃmira	שְׁמִירָה (נ)
proteger (a natureza)	liʃmor	לִשְׁמוֹר
caçador (m) furtivo	tsayad lelo reʃut	צַיָד לְלֹא רְשׁוּת (ז)
armadilha (f)	mal'kodet	מַלְכּוֹדֶת (נ)

colher (cogumelos, bagas)	lelaket	לְלַקֵט
perder-se (vr)	lit'ot	לִתְעוֹת

84. Recursos naturais

recursos (m pl) naturais	otsarot 'teva	אוֹצְרוֹת טֶבַע (ז"ר)
minerais (m pl)	mine'ralim	מִינֵרָלִים (ז"ר)
depósitos (m pl)	mirbats	מִרְבָּץ (ז)
jazida (f)	mirbats	מִרְבָּץ (ז)

extrair (vt)	lixrot	לִכְרוֹת
extração (f)	kriya	כְּרִיָה (נ)
minério (m)	afra	עַפְרָה (נ)
mina (f)	mixre	מִכְרֶה (ז)
poço (m) de mina	pir	פִּיר (ז)
mineiro (m)	kore	כּוֹרֶה (ז)

gás (m)	gaz	גָז (ז)
gasoduto (m)	tsinor gaz	צִינוֹר גָז (ז)

petróleo (m)	neft	נֵפְט (ז)
oleoduto (m)	tsinor neft	צִינוֹר נֵפְט (ז)
poço (m) de petróleo	be'er neft	בְּאֵר נֵפְט (נ)

torre (f) petrolífera	migdal ki'duax	מִגְדָּל קִידוּחַ (ז)
petroleiro (m)	meχalit	מֵיכָלִית (נ)

areia (f)	χol	חוֹל (ז)
calcário (m)	'even gir	אֶבֶן גִּיר (נ)
cascalho (m)	χatsats	חָצָץ (ז)
turfa (f)	kavul	כָּבוּל (ז)
argila (f)	tit	טִיט (ז)
carvão (m)	peχam	פֶּחָם (ז)

ferro (m)	barzel	בַּרְזֶל (ז)
ouro (m)	zahav	זָהָב (ז)
prata (f)	'kesef	כֶּסֶף (ז)
níquel (m)	'nikel	נִיקֶל (ז)
cobre (m)	ne'χoʃet	נְחוֹשֶׁת (נ)

zinco (m)	avats	אָבָץ (ז)
manganês (m)	mangan	מַנְגָּן (ז)
mercúrio (m)	kaspit	כַּסְפִּית (נ)
chumbo (m)	o'feret	עוֹפֶרֶת (נ)

mineral (m)	mineral	מִינְרָל (ז)
cristal (m)	gaviʃ	גָּבִישׁ (ז)
mármore (m)	'ʃayiʃ	שַׁיִשׁ (ז)
urânio (m)	u'ranyum	אוּרָנְיוּם (ז)

85. Tempo

tempo (m)	'mezeg avir	מֶזֶג אֲוִויר (ז)
previsão (f) do tempo	taχazit 'mezeg ha'avir	תַּחֲזִית מֶזֶג הָאֲוִויר (נ)
temperatura (f)	tempera'tura	טֶמְפֶּרָטוּרָה (נ)
termômetro (m)	madχom	מַדְחוֹם (ז)
barômetro (m)	ba'rometer	בָּרוֹמֶטֶר (ז)

úmido (adj)	laχ	לַח
umidade (f)	laχut	לַחוּת (נ)
calor (m)	χom	חוֹם (ז)
tórrido (adj)	χam	חַם
está muito calor	χam	חַם

está calor	χamim	חָמִים
quente (morno)	χamim	חָמִים

está frio	kar	קַר
frio (adj)	kar	קַר

sol (m)	'ʃemeʃ	שֶׁמֶשׁ (נ)
brilhar (vi)	lizhor	לִזְהוֹר
de sol, ensolarado	ʃimʃi	שִׁמְשִׁי
nascer (vi)	liz'roaχ	לִזְרוֹחַ
pôr-se (vr)	liʃ'ko'a	לִשְׁקוֹעַ

nuvem (f)	anan	עָנָן (ז)
nublado (adj)	me'unan	מְעוּנָן

nuvem (f) preta	av	עָב (ז)
escuro, cinzento (adj)	sagriri	סַגְרִירִי
chuva (f)	'geʃem	גֶּשֶׁם (ז)
está a chover	yored 'geʃem	יוֹרֵד גֶּשֶׁם
chuvoso (adj)	gaʃum	גָּשׁוּם
chuviscar (vi)	letaftef	לְטַפְטֵף
chuva (f) torrencial	matar	מָטָר (ז)
aguaceiro (m)	mabul	מַבּוּל (ז)
forte (chuva, etc.)	xazak	חָזָק
poça (f)	ʃlulit	שְׁלוּלִית (נ)
molhar-se (vr)	lehitratev	לְהִתְרַטֵּב
nevoeiro (m)	arapel	עֲרָפֶל (ז)
de nevoeiro	me'urpal	מְעוּרפָּל
neve (f)	'ʃeleg	שֶׁלֶג (ז)
está nevando	yored 'ʃeleg	יוֹרֵד שֶׁלֶג

86. Tempo extremo. Catástrofes naturais

trovoada (f)	sufat re'amim	סוּפַת רְעָמִים (נ)
relâmpago (m)	barak	בָּרָק (ז)
relampejar (vi)	livhok	לִבהוֹק
trovão (m)	'ra'am	רַעַם (ז)
trovejar (vi)	lir'om	לִרעוֹם
está trovejando	lir'om	לִרעוֹם
granizo (m)	barad	בָּרָד (ז)
está caindo granizo	yored barad	יוֹרֵד בָּרָד
inundar (vt)	lehatsif	לְהָצִיף
inundação (f)	ʃitafon	שִׁיטָפוֹן (ז)
terremoto (m)	re'idat adama	רְעִידַת אֲדָמָה (נ)
abalo, tremor (m)	re'ida	רְעִידָה (נ)
epicentro (m)	moked	מוֹקֵד (ז)
erupção (f)	hitpartsut	הִתפָּרצוּת (נ)
lava (f)	'lava	לָאבָה (נ)
tornado (m)	hurikan	הוֹרִיקָן (ז)
tornado (m)	tor'nado	טוֹרנָדוֹ (ז)
tufão (m)	taifun	טַייפוּן (ז)
furacão (m)	hurikan	הוֹרִיקָן (ז)
tempestade (f)	sufa	סוּפָה (נ)
tsunami (m)	tsu'nami	צוּנָאמִי (ז)
ciclone (m)	tsiklon	צִיקלוֹן (ז)
mau tempo (m)	sagrir	סַגְרִיר (ז)
incêndio (m)	srefa	שְׂרֵיפָה (נ)
catástrofe (f)	ason	אָסוֹן (ז)

meteorito (m)	mete'orit	מֶטֶאוֹרִיט (ז)
avalanche (f)	ma'polet ʃlagim	מַפֹּלֶת שְׁלָגִים (נ)
deslizamento (m) de neve	ma'polet ʃlagim	מַפֹּלֶת שְׁלָגִים (נ)
nevasca (f)	sufat ʃlagim	סוּפַת שְׁלָגִים (נ)
tempestade (f) de neve	sufat ʃlagim	סוּפַת שְׁלָגִים (נ)

FAUNA

87. Mamíferos. Predadores

predador (m)	χayat 'teref	חַיַּת טֶרֶף (נ)
tigre (m)	'tigris	טִיגְרִיס (ז)
leão (m)	arye	אַרְיֵה (ז)
lobo (m)	ze'ev	זְאֵב (ז)
raposa (f)	ʃu'al	שׁוּעָל (ז)

jaguar (m)	yagu'ar	יָגוּאָר (ז)
leopardo (m)	namer	נָמֵר (ז)
chita (f)	bardelas	בַּרְדְּלָס (ז)

pantera (f)	panter	פַּנְתֵּר (ז)
puma (m)	'puma	פּוּמָה (נ)
leopardo-das-neves (m)	namer 'ʃeleg	נָמֵר שֶׁלֶג (ז)
lince (m)	ʃunar	שׁוּנָר (ז)

coiote (m)	ze'ev ha'aravot	זְאֵב הָעֲרָבוֹת (ז)
chacal (m)	tan	תַּן (ז)
hiena (f)	tsa'vo'a	צָבוֹעַ (ז)

88. Animais selvagens

animal (m)	'ba'al χayim	בַּעַל חַיִּים (ז)
besta (f)	χaya	חַיָּה (נ)

esquilo (m)	sna'i	סְנָאִי (ז)
ouriço (m)	kipod	קִיפּוֹד (ז)
lebre (f)	arnav	אַרְנָב (ז)
coelho (m)	ʃafan	שָׁפָן (ז)

texugo (m)	girit	גִּירִית (נ)
guaxinim (m)	dvivon	דְּבִיבוֹן (ז)
hamster (m)	oger	אוֹגֵר (ז)
marmota (f)	mar'mita	מַרְמִיטָה (נ)

toupeira (f)	χafar'peret	חֲפַרְפֶּרֶת (נ)
rato (m)	aχbar	עַכְבָּר (ז)
ratazana (f)	χulda	חוּלְדָה (נ)
morcego (m)	atalef	עֲטַלֵּף (ז)

arminho (m)	hermin	הֶרְמִין (ז)
zibelina (f)	tsobel	צוֹבֶּל (ז)
marta (f)	dalak	דָּלָק (ז)
doninha (f)	χamus	חָמוּס (ז)
visom (m)	χorfan	חוֹרְפָן (ז)

castor (m)	bone	בּוֹנֶה (ז)
lontra (f)	lutra	לוּטְרָה (נ)
cavalo (m)	sus	סוּס (ז)
alce (m)	ayal hakore	אַיָּל הַקּוֹרֵא (ז)
veado (m)	ayal	אַיָּל (ז)
camelo (m)	gamal	גָּמָל (ז)
bisão (m)	bizon	בִּיזוֹן (ז)
auroque (m)	bizon ei'ropi	בִּיזוֹן אֵירוֹפִּי (ז)
búfalo (m)	te'o	תְּאוֹ (ז)
zebra (f)	'zebra	זֶבְּרָה (נ)
antílope (m)	anti'lopa	אַנְטִילוֹפָה (ז)
corça (f)	ayal hakarmel	אַיָּל הַכַּרְמֶל (ז)
gamo (m)	yaχmur	יַחְמוּר (ז)
camurça (f)	ya'el	יָעֵל (ז)
javali (m)	χazir bar	חֲזִיר בָּר (ז)
baleia (f)	livyatan	לִוְיָתָן (ז)
foca (f)	'kelev yam	כֶּלֶב יָם (ז)
morsa (f)	sus yam	סוּס יָם (ז)
urso-marinho (m)	dov yam	דּוֹב יָם (ז)
golfinho (m)	dolfin	דּוֹלְפִין (ז)
urso (m)	dov	דּוֹב (ז)
urso (m) polar	dov 'kotev	דּוֹב קוֹטֶב (ז)
panda (m)	'panda	פַּנְדָּה (נ)
macaco (m)	kof	קוֹף (ז)
chimpanzé (m)	ʃimpanze	שִׁימְפַּנְזָה (נ)
orangotango (m)	orang utan	אוֹרַנְג-אוּטָן (ז)
gorila (m)	go'rila	גּוֹרִילָה (נ)
macaco (m)	makak	מָקָק (ז)
gibão (m)	gibon	גִּיבּוֹן (ז)
elefante (m)	pil	פִּיל (ז)
rinoceronte (m)	karnaf	קַרְנַף (ז)
girafa (f)	dʒi'rafa	גּ׳ירָפָה (נ)
hipopótamo (m)	hipopotam	הִיפּוֹפּוֹטָם (ז)
canguru (m)	'kenguru	קֶנְגּוּרוּ (ז)
coala (m)	ko''ala	קוֹאָלָה (ז)
mangusto (m)	nemiya	נְמִיָּה (נ)
chinchila (f)	tʃin'tʃila	צ׳ינצ׳ְילָה (נ)
cangambá (f)	bo'eʃ	בּוֹאֵשׁ (ז)
porco-espinho (m)	darban	דַּרְבָּן (ז)

89. Animais domésticos

gata (f)	χatula	חֲתוּלָה (נ)
gato (m) macho	χatul	חָתוּל (ז)
cão (m)	'kelev	כֶּלֶב (ז)

cavalo (m)	sus	סוּס (ז)
garanhão (m)	sus harba'a	סוּס הַרְבָּעָה (ז)
égua (f)	susa	סוּסָה (נ)
vaca (f)	para	פָּרָה (נ)
touro (m)	ʃor	שׁוֹר (ז)
boi (m)	ʃor	שׁוֹר (ז)
ovelha (f)	kivsa	כְּבְשָׂה (נ)
carneiro (m)	'ayil	אַיִל (ז)
cabra (f)	ez	עֵז (נ)
bode (m)	'tayiʃ	תַּיִשׁ (ז)
burro (m)	χamor	חֲמוֹר (ז)
mula (f)	'pered	פֶּרֶד (ז)
porco (m)	χazir	חֲזִיר (ז)
leitão (m)	χazarzir	חֲזַרְזִיר (ז)
coelho (m)	arnav	אַרְנָב (ז)
galinha (f)	tarne'golet	תַּרְנְגוֹלֶת (נ)
galo (m)	tarnegol	תַּרְנְגוֹל (ז)
pata (f), pato (m)	barvaz	בַּרְוָז (ז)
pato (m)	barvaz	בַּרְוָז (ז)
ganso (m)	avaz	אֲוָז (ז)
peru (m)	tarnegol 'hodu	תַּרְנְגוֹל הוֹדוּ (ז)
perua (f)	tarne'golet 'hodu	תַּרְנְגוֹלֶת הוֹדוּ (נ)
animais (m pl) domésticos	χayot 'bayit	חַיּוֹת בַּיִת (נ"ר)
domesticado (adj)	mevuyat	מְבוּיָּת
domesticar (vt)	levayet	לְבַיֵּת
criar (vt)	lehar'bi'a	לְהַרְבִּיעַ
fazenda (f)	χava	חַוָּה (נ)
aves (f pl) domésticas	ofot 'bayit	עוֹפוֹת בַּיִת (נ"ר)
gado (m)	bakar	בָּקָר (ז)
rebanho (m), manada (f)	'eder	עֵדֶר (ז)
estábulo (m)	urva	אוּרְוָה (נ)
chiqueiro (m)	dir χazirim	דִּיר חֲזִירִים (ז)
estábulo (m)	'refet	רֶפֶת (נ)
coelheira (f)	arnaviya	אַרְנָבִיָּה (נ)
galinheiro (m)	lul	לוּל (ז)

90. Pássaros

pássaro (m), ave (f)	tsipor	צִיפּוֹר (נ)
pombo (m)	yona	יוֹנָה (נ)
pardal (m)	dror	דְּרוֹר (ז)
chapim-real (m)	yargazi	יַרְגָּזִי (ז)
pega-rabuda (f)	orev neχalim	עוֹרֵב נְחָלִים (ז)
corvo (m)	orev ʃaχor	עוֹרֵב שָׁחוֹר (ז)

gralha-cinzenta (f)	orev afor	עוֹרֵב אָפוֹר (ז)
gralha-de-nuca-cinzenta (f)	ka'ak	קָאָק (ז)
gralha-calva (f)	orev hamizra	עוֹרֵב הַמִּזְרָע (ז)
pato (m)	barvaz	בַּרְוָז (ז)
ganso (m)	avaz	אֲוָז (ז)
faisão (m)	pasyon	פַּסְיוֹן (ז)
águia (f)	'ayit	עַיִט (ז)
açor (m)	nets	נֵץ (ז)
falcão (m)	baz	בַּז (ז)
abutre (m)	ozniya	עוֹזְנִיָּה (ז)
condor (m)	kondor	קוֹנְדוֹר (ז)
cisne (m)	barbur	בַּרְבּוּר (ז)
grou (m)	agur	עֲגוּר (ז)
cegonha (f)	χasida	חֲסִידָה (נ)
papagaio (m)	'tuki	תֻּכִּי (ז)
beija-flor (m)	ko'libri	קוֹלִיבְּרִי (ז)
pavão (m)	tavas	טַוָּס (ז)
avestruz (m)	bat ya'ana	בַּת יַעֲנָה (נ)
garça (f)	anafa	אֲנָפָה (נ)
flamingo (m)	fla'mingo	פְלָמִינְגוֹ (ז)
pelicano (m)	saknai	שַׂקְנַאי (ז)
rouxinol (m)	zamir	זָמִיר (ז)
andorinha (f)	snunit	סְנוּנִית (נ)
tordo-zornal (m)	kiχli	קִיכְלִי (ז)
tordo-músico (m)	kiχli mezamer	קִיכְלִי מְזַמֵּר (ז)
melro-preto (m)	kiχli ʃaχor	קִיכְלִי שָׁחוֹר (ז)
andorinhão (m)	sis	סִיס (ז)
cotovia (f)	efroni	עֶפְרוֹנִי (ז)
codorna (f)	slav	שְׂלָיו (ז)
pica-pau (m)	'neker	נַקָּר (ז)
cuco (m)	kukiya	קוּקִיָּה (נ)
coruja (f)	yanʃuf	יַנְשׁוּף (ז)
bufo-real (m)	'oaχ	אוֹחַ (ז)
tetraz-grande (m)	seχvi 'ya'ar	שְׂכְוִוי יַעַר (ז)
tetraz-lira (m)	seχvi	שְׂכְוִוי (ז)
perdiz-cinzenta (f)	χogla	חוֹגְלָה (נ)
estorninho (m)	zarzir	זַרְזִיר (ז)
canário (m)	ka'narit	קָנָרִית (נ)
galinha-do-mato (f)	seχvi haya'arot	שְׂכְוִוי הַיְּעָרוֹת (ז)
tentilhão (m)	paroʃ	פָּרוֹשׁ (ז)
dom-fafe (m)	admonit	אֲדמוֹנִית (נ)
gaivota (f)	'ʃaχaf	שַׁחַף (ז)
albatroz (m)	albatros	אַלְבַּטְרוֹס (ז)
pinguim (m)	pingvin	פִּינְגְוִוין (ז)

91. Peixes. Animais marinhos

brema (f)	avroma	אַברוֹמָה (נ)
carpa (f)	karpiyon	קַרְפִּיוֹן (ז)
perca (f)	'okunus	אוֹקוּנוּס (ז)
siluro (m)	sfamnun	שְׂפַמְנוּן (ז)
lúcio (m)	ze'ev 'mayim	זְאֵב מַיִם (ז)
salmão (m)	'salmon	סַלְמוֹן (ז)
esturjão (m)	χidkan	חִדְקָן (ז)
arenque (m)	ma'liaχ	מָלִיחַ (ז)
salmão (m) do Atlântico	iltit	אִילְתִּית (נ)
cavala, sarda (f)	makarel	מַקָּרֵל (ז)
solha (f), linguado (m)	dag moʃe ra'benu	דַּג מֹשֶׁה רַבֵּנוּ (ז)
lúcio perca (m)	amnun	אַמְנוּן (ז)
bacalhau (m)	ʃibut	שִׁיבּוּט (ז)
atum (m)	'tuna	טוּנָה (נ)
truta (f)	forel	פּוֹרֵל (ז)
enguia (f)	tslofaχ	צְלוֹפַח (ז)
raia (f) elétrica	trisanit	תְּרִיסָנִית (נ)
moreia (f)	mo'rena	מוֹרֶנָה (נ)
piranha (f)	pi'ranya	פִּירַנְיָה (נ)
tubarão (m)	kariʃ	כָּרִישׁ (ז)
golfinho (m)	dolfin	דּוֹלְפִין (ז)
baleia (f)	livyatan	לִוְיָיתָן (ז)
caranguejo (m)	sartan	סַרְטָן (ז)
água-viva (f)	me'duza	מֶדוּזָה (נ)
polvo (m)	tamnun	תַּמְנוּן (ז)
estrela-do-mar (f)	koχav yam	כּוֹכַב יָם (ז)
ouriço-do-mar (m)	kipod yam	קִיפּוֹד יָם (ז)
cavalo-marinho (m)	suson yam	סוּסוֹן יָם (ז)
ostra (f)	tsidpa	צִדְפָּה (נ)
camarão (m)	χasilon	חֲסִילוֹן (ז)
lagosta (f)	'lobster	לוֹבּסְטֶר (ז)
lagosta (f)	'lobster kotsani	לוֹבּסְטֶר קוֹצָנִי (ז)

92. Anfíbios. Répteis

cobra (f)	naχaʃ	נָחָשׁ (ז)
venenoso (adj)	arsi	אַרְסִי
víbora (f)	'tsefa	צֶפַע (ז)
naja (f)	'peten	פֶּתֶן (ז)
píton (m)	piton	פִּיתוֹן (ז)
jiboia (f)	χanak	חֲנָק (ז)
cobra-de-água (f)	naχaʃ 'mayim	נָחָשׁ מַיִם (ז)

cascavel (f)	ʃfifon	שְׁפִיפוֹן (ז)
anaconda (f)	ana'konda	אֲנָקוֹנְדָה (נ)
lagarto (m)	leta'a	לְטָאָה (נ)
iguana (f)	igu''ana	אִיגוּאָנָה (נ)
varano (m)	'koaχ	פּוֹח (ז)
salamandra (f)	sala'mandra	סָלָמַנְדְרָה (נ)
camaleão (m)	zikit	זִיקִית (נ)
escorpião (m)	akrav	עַקְרָב (ז)
tartaruga (f)	ʦav	צָב (ז)
rã (f)	ʦfar'de‘a	צְפַרְדֵעַ (נ)
sapo (m)	karpada	קַרְפָּדָה (נ)
crocodilo (m)	tanin	תַּנִין (ז)

93. Insetos

inseto (m)	χarak	חָרָק (ז)
borboleta (f)	parpar	פַּרְפַּר (ז)
formiga (f)	nemala	נְמָלָה (נ)
mosca (f)	zvuv	זְבוּב (ז)
mosquito (m)	yatuʃ	יַתּוּשׁ (ז)
escaravelho (m)	χipuʃit	חִיפּוּשִׁית (נ)
vespa (f)	ʦir'a	צִרְעָה (נ)
abelha (f)	dvora	דְבוֹרָה (נ)
mamangaba (f)	dabur	דָבוּר (ז)
moscardo (m)	zvuv hasus	זְבוּב הַסוּס (ז)
aranha (f)	akaviʃ	עַכָּבִישׁ (ז)
teia (f) de aranha	kurei akaviʃ	קוּרֵי עַכָּבִישׁ (ז"ר)
libélula (f)	ʃapirit	שְׁפִירִית (נ)
gafanhoto (m)	χagav	חָגָב (ז)
traça (f)	aʃ	עָשׁ (ז)
barata (f)	makak	מַקָק (ז)
carrapato (m)	karʦiya	קַרְצִיָה (נ)
pulga (f)	par'oʃ	פַּרְעוֹשׁ (ז)
borrachudo (m)	yavχuʃ	יַבְחוּשׁ (ז)
gafanhoto (m)	arbe	אַרְבֶּה (ז)
caracol (m)	χilazon	חִילָזוֹן (ז)
grilo (m)	ʦarʦar	צְרָצַר (ז)
pirilampo, vaga-lume (m)	gaχlilit	גַחְלִילִית (נ)
joaninha (f)	parat moʃe ra'benu	פָּרַת מֹשֶׁה רַבֵּנוּ (נ)
besouro (m)	χipuʃit aviv	חִיפּוּשִׁית אָבִיב (נ)
sanguessuga (f)	aluka	עֲלוּקָה (נ)
lagarta (f)	zaχal	זַחַל (ז)
minhoca (f)	to'la‘at	תּוֹלַעַת (נ)
larva (f)	'deren	דֶרֶן (ז)

FLORA

94. Árvores

árvore (f)	ets	עֵץ (ז)
decídua (adj)	naʃir	נָשִׁיר
conífera (adj)	maxtani	מַחטָנִי
perene (adj)	yarok ad	יָרוֹק עַד
macieira (f)	ta'puax	תַּפּוּחַ (ז)
pereira (f)	agas	אַגָּס (ז)
cerejeira (f)	gudgedan	גּוּדגְּדָן (ז)
ginjeira (f)	duvdevan	דּוּבדְּבָן (ז)
ameixeira (f)	ʃezif	שְׁזִיף (ז)
bétula (f)	ʃadar	שָׁדָר (ז)
carvalho (m)	alon	אַלּוֹן (ז)
tília (f)	'tilya	טִילְיָה (נ)
choupo-tremedor (m)	aspa	אַסְפָּה (נ)
bordo (m)	'eder	אֶדֶר (ז)
espruce (m)	a'ʃuax	אַשּׁוּחַ (ז)
pinheiro (m)	'oren	אוֹרֶן (ז)
alerce, lariço (m)	arzit	אַרזִית (נ)
abeto (m)	a'ʃuax	אַשּׁוּחַ (ז)
cedro (m)	'erez	אֶרֶז (ז)
choupo, álamo (m)	tsaftsefa	צַפּצָפָה (נ)
tramazeira (f)	ben xuzrar	בֶּן-חוּזרָר (ז)
salgueiro (m)	arava	עֲרָבָה (נ)
amieiro (m)	alnus	אַלנוּס (ז)
faia (f)	aʃur	אָשׁוּר (ז)
ulmeiro, olmo (m)	bu'kitsa	בּוּקִיצָה (נ)
freixo (m)	mela	מֵילָה (נ)
castanheiro (m)	armon	עַרמוֹן (ז)
magnólia (f)	mag'nolya	מַגנוֹלִיָה (נ)
palmeira (f)	'dekel	דֶּקֶל (ז)
cipreste (m)	broʃ	בְּרוֹשׁ (ז)
mangue (m)	mangrov	מַנגרוֹב (ז)
embondeiro, baobá (m)	ba'obab	בָּאוֹבָּב (ז)
eucalipto (m)	eika'liptus	אֵיקָלִיפּטוּס (ז)
sequoia (f)	sek'voya	סֶקוֹוְיָה (נ)

95. Arbustos

arbusto (m)	'siax	שִׂיחַ (ז)
arbusto (m), moita (f)	'siax	שִׂיחַ (ז)

| videira (f) | 'gefen | גֶּפֶן (ז) |
| vinhedo (m) | 'kerem | כֶּרֶם (ז) |

framboeseira (f)	'petel	פֶּטֶל (ז)
groselheira-negra (f)	'siaχ dumdemaniyot ʃχorot	שִׂיחַ דּוּמְדְּמָנִיּוֹת שְׁחוֹרוֹת (ז)
groselheira-vermelha (f)	'siaχ dumdemaniyot adumot	שִׂיחַ דּוּמְדְּמָנִיּוֹת אֲדֻמּוֹת (ז)
groselheira (f) espinhosa	χazarzar	חֲזַרְזַר (ז)

acácia (f)	ʃita	שִׁיטָה (נ)
bérberis (f)	berberis	בֶּרְבֶּרִיס (ז)
jasmim (m)	yasmin	יַסְמִין (ז)

junípero (m)	ar'ar	עַרְעָר (ז)
roseira (f)	'siaχ vradim	שִׂיחַ וְרָדִים (ז)
roseira (f) brava	'vered bar	וֶרֶד בָּר (ז)

96. Frutos. Bagas

fruta (f)	pri	פְּרִי (ז)
frutas (f pl)	perot	פֵּירוֹת (ז״ר)
maçã (f)	ta'puaχ	תַּפּוּחַ (ז)
pera (f)	agas	אַגָּס (ז)
ameixa (f)	ʃezif	שְׁזִיף (ז)

morango (m)	tut sade	תּוּת שָׂדֶה (ז)
ginja (f)	duvdevan	דּוּבְדְּבָן (ז)
cereja (f)	gudgedan	גּוּדְגְּדָן (ז)
uva (f)	anavim	עֲנָבִים (ז״ר)

framboesa (f)	'petel	פֶּטֶל (ז)
groselha (f) negra	dumdemanit ʃχora	דּוּמְדְּמָנִית שְׁחוֹרָה (נ)
groselha (f) vermelha	dumdemanit aduma	דּוּמְדְּמָנִית אֲדֻמָּה (נ)
groselha (f) espinhosa	χazarzar	חֲזַרְזַר (ז)
oxicoco (m)	χamutsit	חֲמוּצִית (נ)

laranja (f)	tapuz	תַּפּוּז (ז)
tangerina (f)	klemen'tina	קְלֶמֶנְטִינָה (נ)
abacaxi (m)	'ananas	אֲנָנָס (ז)

| banana (f) | ba'nana | בַּנָנָה (נ) |
| tâmara (f) | tamar | תָּמָר (ז) |

limão (m)	limon	לִימוֹן (ז)
damasco (m)	'miʃmeʃ	מִשְׁמֵשׁ (ז)
pêssego (m)	afarsek	אֲפַרְסֵק (ז)

| quiuí (m) | 'kivi | קִיוִוי (ז) |
| toranja (f) | eʃkolit | אֶשְׁכּוֹלִית (נ) |

baga (f)	garger	גַּרְגֵּר (ז)
bagas (f pl)	gargerim	גַּרְגְּרִים (ז״ר)
arando (m) vermelho	uχmanit aduma	אוּכְמָנִית אֲדֻמָּה (נ)
morango-silvestre (m)	tut 'ya'ar	תּוּת יַעַר (ז)
mirtilo (m)	uχmanit	אוּכְמָנִית (נ)

97. Flores. Plantas

flor (f)	'peraχ	פֶּרַח (ז)
buquê (m) de flores	zer	זֵר (ז)
rosa (f)	'vered	וֶרֶד (ז)
tulipa (f)	tsiv'oni	צִבְעוֹנִי (ז)
cravo (m)	tsi'poren	צִיפּוֹרֶן (ז)
gladíolo (m)	glad'yola	גְלַדִיוֹלָה (נ)
centáurea (f)	dganit	דְגָנִיָה (נ)
campainha (f)	pa'amonit	פַּעֲמוֹנִית (נ)
dente-de-leão (m)	ʃinan	שִינָן (ז)
camomila (f)	kamomil	קָמוֹמִיל (ז)
aloé (m)	alvai	אַלְוַוי (ז)
cacto (m)	'kaktus	קַקְטוּס (ז)
fícus (m)	'fikus	פִיקוּס (ז)
lírio (m)	ʃoʃana	שוֹשַנָה (נ)
gerânio (m)	ge'ranyum	גֵרַניוּם (ז)
jacinto (m)	yakinton	יָקִינְטוֹן (ז)
mimosa (f)	mi'moza	מִימוֹזָה (נ)
narciso (m)	narkis	נַרְקִיס (ז)
capuchinha (f)	'kova hanazir	כּוֹבַע הַנָזִיר (ז)
orquídea (f)	saχlav	סַחְלָב (ז)
peônia (f)	admonit	אַדְמוֹנִית (נ)
violeta (f)	sigalit	סִיגָלִית (נ)
amor-perfeito (m)	amnon vetamar	אַמְנוֹן וְתָמָר (ז)
não-me-esqueças (m)	ziχ'rini	זִכְרִינִי (ז)
margarida (f)	marganit	מַרְגָנִית (נ)
papoula (f)	'pereg	פֶּרֶג (ז)
cânhamo (m)	ka'nabis	קָנָאבִּיס (ז)
hortelã, menta (f)	'menta	מֶנְתָה (נ)
lírio-do-vale (m)	zivanit	זִיוֹנָנִית (נ)
campânula-branca (f)	ga'lantus	גָלַנְטוּס (ז)
urtiga (f)	sirpad	סִרְפָּד (ז)
azedinha (f)	χum'a	חוּמְעָה (נ)
nenúfar (m)	nufar	נוּפָר (ז)
samambaia (f)	ʃaraχ	שֶׁרֶךְ (ז)
líquen (m)	χazazit	חֲזָזִית (נ)
estufa (f)	χamama	חֲמָמָה (נ)
gramado (m)	midʃa'a	מִדְשָׁאָה (נ)
canteiro (m) de flores	arugat praχim	עֲרוּגַת פְּרָחִים (נ)
planta (f)	'tsemaχ	צֶמַח (ז)
grama (f)	'deʃe	דֶשֶׁא (ז)
folha (f) de grama	giv'ol 'esev	גִבְעוֹל עֵשֶׂב (ז)

folha (f)	ale	עָלֶה (ז)
pétala (f)	ale ko'teret	עָלֶה כּוֹתֶרֶת (ז)
talo (m)	giv'ol	גִבעוֹל (ז)
tubérculo (m)	'pka'at	פְּקַעַת (נ)

| broto, rebento (m) | 'nevet | נֶבֶט (ז) |
| espinho (m) | kots | קוֹץ (ז) |

florescer (vi)	lif'roax	לִפרוֹחַ
murchar (vi)	linbol	לִנבּוֹל
cheiro (m)	'reax	רֵיחַ (ז)
cortar (flores)	ligzom	לִגזוֹם
colher (uma flor)	liktof	לִקטוֹף

98. Cereais, grãos

grão (m)	tvu'a	תְבוּאָה (נ)
cereais (plantas)	dganim	דְגָנִים (ז"ר)
espiga (f)	ʃi'bolet	שִׁיבּוֹלֶת (נ)

trigo (m)	xita	חִיטָה (נ)
centeio (m)	ʃifon	שִׁיפוֹן (ז)
aveia (f)	ʃi'bolet ʃuʿal	שִׁיבּוֹלֶת שׁוּעָל (נ)
painço (m)	'doxan	דוֹחַן (ז)
cevada (f)	se'ora	שְׂעוֹרָה (נ)

milho (m)	'tiras	תִירָס (ז)
arroz (m)	'orez	אוֹרֶז (ז)
trigo-sarraceno (m)	ku'semet	כּוּסֶמֶת (נ)

ervilha (f)	afuna	אֲפוּנָה (נ)
feijão (m) roxo	ʃu'it	שְׁעוּעִית (נ)
soja (f)	'soya	סוֹיָה (נ)
lentilha (f)	adaʃim	עֲדָשִׁים (נ"ר)
feijão (m)	pol	פּוֹל (ז)

PAÍSES DO MUNDO

99. Países. Parte 1

Português	Transcrição	Hebraico
Afeganistão (m)	afganistan	אַפְגָּנִיסְטָן (נ)
África (f) do Sul	drom 'afrika	דְּרוֹם אַפְרִיקָה (נ)
Albânia (f)	al'banya	אַלְבַּנְיָה (נ)
Alemanha (f)	ger'manya	גֶּרְמַנְיָה (נ)
Arábia (f) Saudita	arav hasa'udit	עֲרָב הַסָּעוּדִית (נ)
Argentina (f)	argen'tina	אַרְגֶּנְטִינָה (נ)
Armênia (f)	ar'menya	אַרְמַנְיָה (נ)

Austrália (f)	ost'ralya	אוֹסְטְרַלְיָה (נ)
Áustria (f)	'ostriya	אוֹסְטְרִיָּה (נ)
Azerbaijão (m)	azerbaidʒan	אָזֶרְבַּיְגָּ'ן (נ)
Bahamas (f pl)	iyey ba'hama	אִיֵּי בָּהָאמָה (ז"ר)
Bangladesh (m)	bangladeʃ	בַּנְגְּלָדֶשׁ (נ)
Bélgica (f)	'belgya	בֶּלְגְיָה (נ)
Belarus	'belarus	בֶּלָרוּס (נ)

Bolívia (f)	bo'livya	בּוֹלִיבִיָה (נ)
Bósnia e Herzegovina (f)	'bosniya	בּוֹסְנְיָה (נ)
Brasil (m)	brazil	בְּרָזִיל (נ)
Bulgária (f)	bul'garya	בּוּלְגַּרְיָה (נ)
Camboja (f)	kam'bodya	קַמְבּוֹדְיָה (נ)
Canadá (m)	'kanada	קָנָדָה (נ)
Cazaquistão (m)	kazaχstan	קָזַחְסְטָן (נ)

Chile (m)	'ʧile	צִ'ילֶה (נ)
China (f)	sin	סִין (נ)
Chipre (m)	kafrisin	קַפְרִיסִין (נ)
Colômbia (f)	ko'lombya	קוֹלוֹמְבִּיָה (נ)
Coreia (f) do Norte	ko'rei'a hatsfonit	קוֹרִיאָה הַצְּפוֹנִית (נ)
Coreia (f) do Sul	ko'rei'a hadromit	קוֹרִיאָה הַדְּרוֹמִית (נ)
Croácia (f)	kro''atya	קְרוֹאָטְיָה (נ)

Cuba (f)	'kuba	קוּבָּה (נ)
Dinamarca (f)	'denmark	דֶּנְמַרְק (נ)
Egito (m)	mits'rayim	מִצְרַיִם (נ)
Emirados Árabes Unidos	iχud ha'emi'royot ha'araviyot	אִיחוּד הָאֶמִירוּיוֹת הָעֲרָבִיּוֹת (ז)
Equador (m)	ekvador	אֶקְוָדוֹר (נ)
Escócia (f)	'skotland	סְקוֹטְלַנְד (נ)

Eslováquia (f)	slo'vakya	סְלוֹבַקְיָה (נ)
Eslovênia (f)	slo'venya	סְלוֹבֶנְיָה (נ)
Espanha (f)	sfarad	סְפָרַד (נ)
Estados Unidos da América	artsot habrit	אַרְצוֹת הַבְּרִית (נ"ר)
Estônia (f)	es'tonya	אֶסְטוֹנִיָה (נ)
Finlândia (f)	'finland	פִינְלַנְד (נ)
França (f)	tsarfat	צָרְפַת (נ)

100. Países. Parte 2

Gana (f)	'gana	גָּאנָה (נ)
Geórgia (f)	'gruzya	גרוזיה (נ)
Grã-Bretanha (f)	bri'tanya hagdola	בְּרִיטַנְיָה הַגְדוֹלָה (נ)
Grécia (f)	yavan	יָוָן (נ)
Haiti (m)	ha''iti	הָאִיטִי (נ)
Hungria (f)	hun'garya	הוּנְגַרְיָה (נ)
Índia (f)	'hodu	הוֹדוּ (נ)

Indonésia (f)	indo'nezya	אִינְדוֹנֶזְיָה (נ)
Inglaterra (f)	'angliya	אַנְגְלִיָה (נ)
Irã (m)	iran	אִירָן (נ)
Iraque (m)	irak	עִירָאק (נ)
Irlanda (f)	'irland	אִירְלַנְד (נ)
Islândia (f)	'island	אִיסְלַנְד (נ)
Israel (m)	yisra'el	יִשְׂרָאֵל (נ)

Itália (f)	i'talya	אִיטַלְיָה (נ)
Jamaica (f)	dʒa'maika	גַ'מַייקָה (נ)
Japão (m)	yapan	יָפָן (נ)
Jordânia (f)	yarden	יַרְדֵן (נ)
Kuwait (m)	kuveit	כּוּוֵית (נ)
Laos (m)	la'os	לָאוֹס (נ)
Letônia (f)	'latviya	לַטְבְיָה (נ)

Líbano (m)	levanon	לְבָנוֹן (נ)
Líbia (f)	luv	לוּב (נ)
Liechtenstein (m)	liχtenʃtain	לִיכְטֶנְשְׁטייְן (נ)
Lituânia (f)	'lita	לִיטָא (נ)
Luxemburgo (m)	luksemburg	לוּקְסֶמְבּוּרג (נ)
Macedônia (f)	make'donya	מָקֶדוֹנְיָה (נ)
Madagascar (m)	madagaskar	מָדָגַסְקָר (ז)

Malásia (f)	ma'lezya	מָלֶזְיָה (נ)
Malta (f)	'malta	מָלְטָה (נ)
Marrocos	ma'roko	מָרוֹקוֹ (נ)
México (m)	'meksiko	מֶקְסִיקוֹ (נ)
Birmânia (f)	miyanmar	מְיַאנְמַר (נ)
Moldávia (f)	mol'davya	מוֹלְדַבְיָה (נ)
Mônaco (m)	mo'nako	מוֹנָקוֹ (נ)

Mongólia (f)	mon'golya	מוֹנְגוֹלְיָה (נ)
Montenegro (m)	monte'negro	מוֹנְטֶנֶגְרוֹ (נ)
Namíbia (f)	na'mibya	נָמִיבְּיָה (נ)
Nepal (m)	nepal	נֶפָּאל (נ)
Noruega (f)	nor'vegya	נוֹרבֶגְיָה (נ)
Nova Zelândia (f)	nyu 'ziland	נְיוּ זִילַנְד (נ)

101. Países. Parte 3

| Países Baixos (m pl) | 'holand | הוֹלַנְד (נ) |
| Palestina (f) | falastin | פָּלֶסְטִין (נ) |

Panamá (m)	pa'nama	פָּנְמָה (נ)
Paquistão (m)	pakistan	פָּקִיסְטָן (נ)
Paraguai (m)	paragvai	פָּרַגְוַאי (נ)
Peru (m)	peru	פֶּרוּ (נ)
Polinésia (f) Francesa	poli'nezya hatsarfatit	פּוֹלִינֶזְיָה הַצָּרְפָתִית (נ)

Polônia (f)	polin	פּוֹלִין (נ)
Portugal (m)	portugal	פּוֹרְטוּגָל (נ)
Quênia (f)	'kenya	קֶנְיָה (נ)
Quirguistão (m)	kirgizstan	קִירְגִיזְסְטָן (נ)
República (f) Checa	'tʃexya	צֶ'כְיָה (נ)
República Dominicana	hare'publika hadomeni'kanit	הָרֶפּוּבְּלִיקָה הַדּוֹמִינִיקָנִית (נ)
Romênia (f)	ro'manya	רוֹמַנְיָה (נ)

Rússia (f)	'rusya	רוֹסְיָה (נ)
Senegal (m)	senegal	סֶנֶגָל (נ)
Sérvia (f)	'serbya	סֶרְבִּיָה (נ)
Síria (f)	'surya	סוּרְיָה (נ)
Suécia (f)	'ʃvedya	שְׁבֶדְיָה (נ)
Suíça (f)	'ʃvaits	שׁוַיִץ (נ)
Suriname (m)	surinam	סוּרִינָאם (נ)

Tailândia (f)	'tailand	תַאִילַנְד (נ)
Taiwan (m)	taivan	טַייוָאן (נ)
Tajiquistão (m)	tadʒikistan	טַגִ'יקִיסְטָן (נ)
Tanzânia (f)	tan'zanya	טַנְזַנְיָה (נ)
Tasmânia (f)	tas'manya	טַסְמַנְיָה (נ)
Tunísia (f)	tu'nisya	טוּנִיסְיָה (נ)
Turquemenistão (m)	turkmenistan	טוּרְקְמֶנִיסְטָן (נ)

Turquia (f)	'turkiya	טוּרְקִיָה (נ)
Ucrânia (f)	uk'rayna	אוּקְרַאִינָה (נ)
Uruguai (m)	urugvai	אוּרוּגְוַאי (נ)
Uzbequistão (f)	uzbekistan	אוּזְבֶּקִיסְטָן (נ)
Vaticano (m)	vatikan	וָתִיקָן (ז)
Venezuela (f)	venetsu''ela	וֶנֶצוּאֶלָה (נ)
Vietnã (m)	vyetnam	וִיְטְנָאם (נ)
Zanzibar (m)	zanzibar	זַנְזִיבָּר (נ)